はじめに

新型コロナウイルス感染症は、私たちの暮らしを一変させました。

気にかけ合い、支え合う地域をめざし、これまでは「顔を見て、つながり、支え合う」ことを推進してきましたが、コロナ禍では感染拡大防止のため3密（密閉・密集・密接）を控えることが求められ、つどいの場をはじめとした、人がつどう「お祭り」「行事」などの多くのことは、開催を見合わせる状況となりました。

感染防止のための対策を講じつつ、各地で創意工夫のなかから『新しいつながり方』の実践が生まれています。そうした全国の試みから、現場で役立つ情報を収集・提供し、WEBを活用した交流等に取り組むため、2020年4月17日に「つながりを切らない」情報・交流ネットワークを立ち上げました。

3密を回避した〝巣ごもり生活〟の経験は、人と人とがつながることのたいせつさを、私たちが再認識する機会ともなりました。そうしたなかで、コロナ禍だからこそ、『顔を合わせずとも、つながりを切らない、孤立させない新しいつながり方』を模索する試みが、各地で広がっています。たとえば、オンラインサロンやオンライン協議体といったICTの活用は、つながり方の幅を広げるきっかけとなっています。

次ページに、「地域づくりの木」を示しています。枝葉は制度・サービスなどのフォーマルな資源、それを支える幹は自治会や老人会、ボランティアグループの活動などのインフォーマルな資源、さらにそれを支えているのは土のなかにある根っこで、友人やご近所による暮らしのなかでの気にかけ合い、支え合いなどのナチュラルな資源です。

コロナ禍は、密になりがちな大勢が集まるといったつどい方（枝葉や幹）を避けて、友人やご近所など身近な仲間（根っこ）のたいせつさに、あらためて気づかされました。根っこの関係のなかでの声かけやおすそ分け、立ち話などを通じて行われる見守りや見守られることや、ラジオ体操やウオーキングなど、つながっていることの実感やそれによって生まれる安心が得られています。もともとある根っこの関係だけでなく、幹での関係が根っこに波及している（サロンなどで気になる人を、サロンが休止になっても気にかけている、声をかけている）といった姿も見られており、根っこにあたる部分の暮らし方に注目が集まっています。

本書は、私どもがインターネット上で発刊する「つながる通信」で紹介した全国の実践から、本書のテーマに沿ったものを再編集したものです。新型コロナウイルス感染症による緊急事態宣言があるなかで、それに負けない住民の手によるさまざまな活動が動きだしています。「つながる通信」では、新型コロナウイルスがいずれ終息したそのときにも、こうしたつながりが各地の人々の生きる支えになると考え、そうした活動を取材し、広く発信しています。さらに本書では、「つながる通信」で紹介しきれなかった活動の背景や意義も、あわせて掲載しました。なお、本書の各事例には、「つながる通信」の掲載号および発行日を記しています。左記アドレスまたはQRコードのバックナンバーから当該通信をご覧いただけるほか、随時、最新の情報も発信していきますので、あわせてご覧ください。

Withコロナにおける新しい生活様式による地域づくりの一助になれば幸いです。

2020年11月5日

「つながりを切らない」情報・交流ネットワーク　共同代表　池田昌弘

（NPO法人全国コミュニティライフサポートセンター理事長）

「つながる通信」は、
こちらのホームページからご覧いただけます
https://www.t-net.online/letter

地域づくりの木

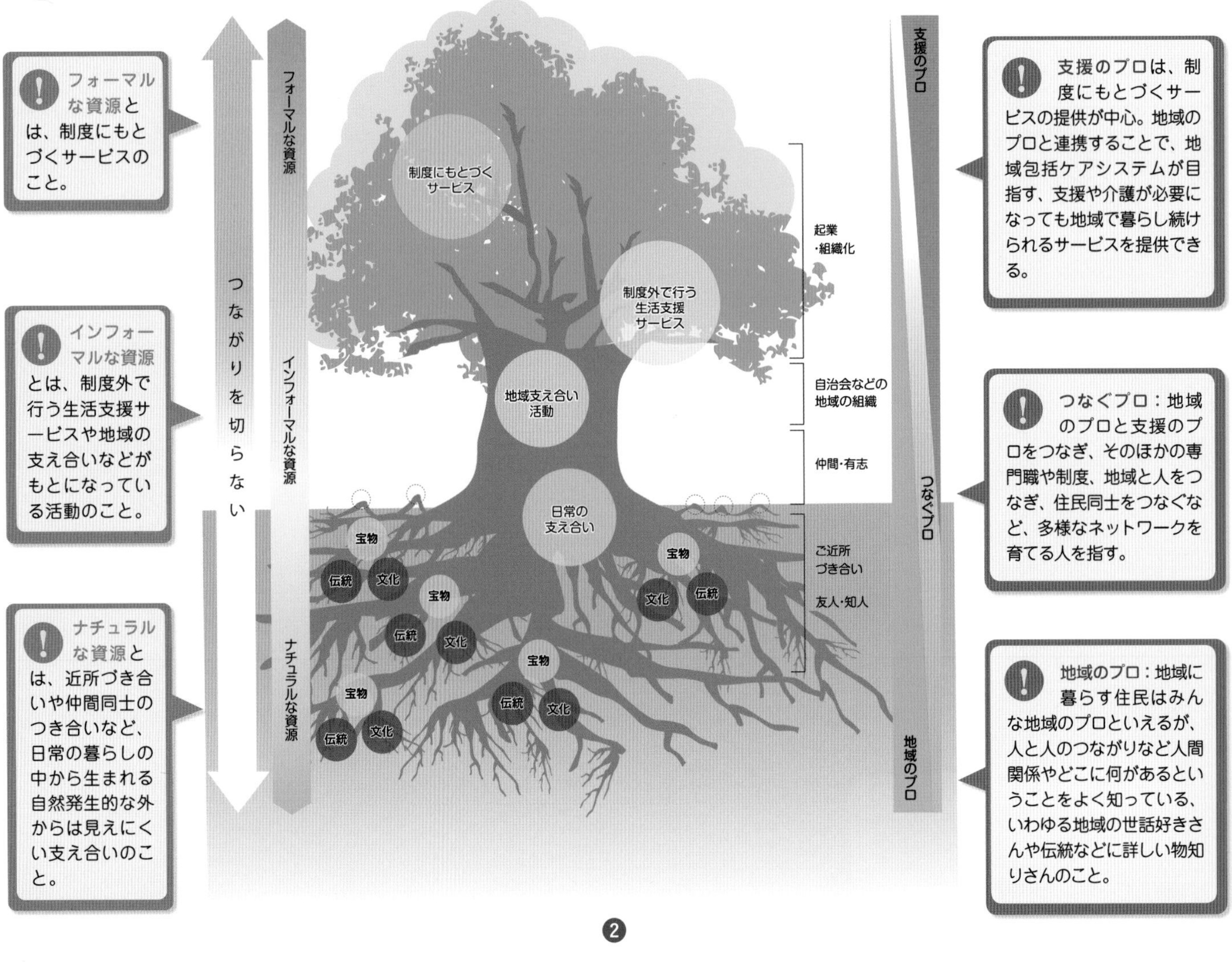

フォーマルな資源とは、制度にもとづくサービスのこと。
インフォーマルな資源とは、制度外で行う生活支援サービスや地域の支え合いなどがもとになっている活動のこと。
ナチュラルな資源とは、近所づき合いや仲間同士のつき合いなど、日常の暮らしの中から生まれる自然発生的な外からは見えにくい支え合いのこと。
つながりを切らない
フォーマルな資源
インフォーマルな資源
ナチュラルな資源
制度にもとづくサービス
制度外で行う生活支援サービス
地域支え合い活動
日常の支え合い
宝物
伝統
文化
起業・組織化
自治会などの地域の組織
仲間・有志
ご近所づき合い
友人・知人
支援のプロ
つなぐプロ
地域のプロ
支援のプロは、制度にもとづくサービスの提供が中心。地域のプロと連携することで、地域包括ケアシステムが目指す、支援や介護が必要になっても地域で暮らし続けられるサービスを提供できる。
つなぐプロ：地域のプロと支援のプロをつなぎ、そのほかの専門職や制度、地域と人をつなぎ、住民同士をつなぐなど、多様なネットワークを育てる人を指す。
地域のプロ：地域に暮らす住民はみんな地域のプロといえるが、人と人のつながりなど人間関係やどこに何があるということをよく知っている、いわゆる地域の世話好きさんや伝統などに詳しい物知りさんのこと。

つながりを切らない
孤立させない
新しいつながり方を提案する

週刊 マンガ
つながる通信

第1号
発行日 2020年5月13日
発行元
「つながりを切らない」情報・交流ネットワーク

〒981-0932
仙台市青葉区木町16-30
シンエイ木町ビル1F
FAX：022-727-8737
E-Mail：t-net@clc.japan.com
HP：www.t-net.online

絵と文
ご近所福祉クリエーター 酒井保

直接、お互いの顔を見ながらが難しい今。

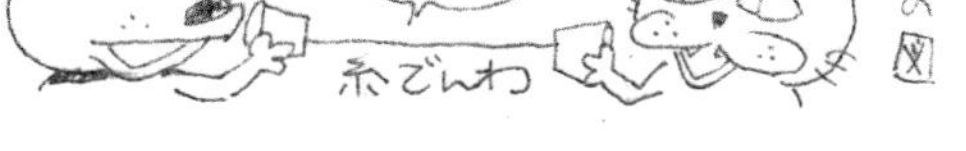

つながり いろは 今
絵と文 ご近所福祉クリエーター 酒井保
そろそろラジオ体操の時間じゃ
12 3 6 9
おはよう!! パソコンの操作はなれたかい?
息子がパソコンの使い方を教えてくれたの 今日から参加します
おはよう
おーい ワシの顔うまく映っとるかい?
イチ ニイ サン
おはようございます
中学生の孫に教えてもらいながらぼちぼちおぼえるよ
コロナが落ちついたらまたみんなで集まろうや
それまでは自宅でリモートラジオ体操じゃ
いろんなつながり方があるんじゃのう

つながり
いろは
コロナ終息後
絵と文
ご近所福祉クリエーター
酒井保
そろそろラジオ体操の時間じゃ
12 3 6 9
すまんすまん
おじいちゃんみんな待ってるよ
おはよー公園でもやってますよー
○○公園
今日の体操は休みます。あとでみんなに野菜を持って行くよ
わいわい
がやがや
今から公園へ向います
隣に引越してこられた佐藤さんです。今日から仲間入り…
どーも
大学の講義が終ったら将棋のお相手を
今日は負けませんよ
おじいちゃーん!! 今日から私も参加しまーす。こちら「パリ」は22時です。バブちゃんは、まだ起きてます
バブー
バブちゃん
状況が変わっても状態が変わってもつながりを切らない孤立させない新しいつながり方を一緒に創造していきませんか?

「マンガつながる通信」はこちらからどうぞ！
https://www.t-net.online/manga

マンガで伝えたいこと

ご近所福祉クリエイション 主宰　ご近所福祉クリエーター　酒井 保

このマンガは、「つながり町」という架空の町に暮らす人たちが、コロナ禍によって失われがちな「つながり」を切らないために住民一人ひとりが「自分に出来ること」を出し合って新しいつながり方を創造し、成長していくというお話です。

「これまで（コロナ禍が起こる前）」のつながりを再考しながら、「今（コロナ禍）」に必要なつながりを模索して、「これから（コロナ終息後）」の新しいつながりを提案していくというのが、このマンガの意図するところです。

マンガつながる通信〈第1号〉では、ラジオ体操やモーニングサロンといった住民たちが築いてきたつながりが「これまで」のページで紹介されています。次に「今」のページでは、コロナ禍という状況の中でも、パソコンやタブレットを駆使して、これまでのつながりが切れることなく継続されています。この「パソコンやタブレットを駆使して」の背景には、息子や孫といった若い世代とのつながりがあります。コロナによって家族相互の距離が縮まったことで、これまでにない新しいつながり方の発想が生まれたというストーリーです。

最後の「コロナ終息後」のページでは、「これまで」と「今」が混在している状況が描かれています。新しいつながり方によって若い世代との交流が広がり、町を離れて暮らしている家族や友人とのつながりも生まれました。また、老いていく過程で、身体の状態が変わっても、顔を見合わせながら、これまでと変わらずにつながり合っている様子が伺えます。

このマンガには、「再生」という表現はありません。何故なら、コロナに屈せず、常に継続しているからです。つながり町の住民たちは、「コロナ禍だから出来ない」と悲観するのではなく、「コロナ禍だからこそ貫かなければならない」という「つながることをあきらめない気持ち」を常に抱いています。

「マンガだから描けるのであって、現実はそう上手くいくものではない！」……という、ご意見も聞こえてきそうですが、逆にマンガではこの程度のことしか表現できないのです。

現実は、もっと豊かで、皆さんの地域には、もっとたくさん創造を広げるための素材があるはずです。それを拾い集めて、状況が変わっても状態が変わっても、つながりを切らない孤立させない新しいつながり方を一緒に創造していきませんか？

第1章

緊急事態宣言中、私たちは何をしたのか

政府による緊急事態宣言が発令され、
人と人がつどう場の開催には、大きな制限がかかりました。
そんな宣言下だからこそ、
地域で気になる人をさまざまな方法で気にかけている人がいます。
こうした取り組みは、
緊急事態宣言の日々のみならず、
ほかの感染症の蔓延期や、
豪雪地帯における冬の期間、
災害時などにも応用できる
知恵と工夫があふれています。

事例1

地域ボランティア沖代すずめ（大分県中津市）

手書きのハガキで「気にかけている」ことを伝える

大分県中津市で住民主体のサロンと支え合い活動を進める地域ボランティア沖代すずめ。拠点「沖代寄り合い所　すずめの家」で実施する週2回のサロンなど、人と人が密集する活動は、3月、4月と休止が続いています。

代表の吉田日出子さんは、3月には20人ほどの利用者にハガキを送りました。郵便局で花のイラストが入ったハガキを購入し、季節の花や体調を気遣う内容を一人ひとりにしたためています。ハガキを見た利用者から電話をもらい、近況を聞くこともあります。ハガキは4月にも送りますが、別のボランティアの女性が担当されるそうです。

また、ボランティアで手分けして利用者宅にマスクを届け、立ち話をし、家族が手伝いに来てくれている様子などを知ることができたといいます。高齢者がつどうサロンのため、なかなか集まることは難しい状況になっていますが、「気にかけている」ことを続けるために、スタッフ同士で知恵を出し合って考えています、と話してくれました。

つながるポイント

- 手書きのハガキで、一人ひとりに思いを届ける
- いろいろな人が「気にかけています」という思いを伝える

つながる通信2号（2020年4月28日発行）

事例2

NPO法人すずの会（神奈川県川崎市）

通いの場は休止でも、タケノコご飯のおすそ分け

川崎市宮前区の野川中学校区で活動するNPO法人すずの会。会が運営するミニデイサービスや川崎市介護予防・日常生活支援総合事業で受託する通いの場も、市からの要請により中止をせざるを得ない状況になりました。

「特に一人暮らしの人などの入浴や食事が心配」という代表の鈴木恵子さん。外出を制限したことで体力や精神面の不安の声も聞こえてきました。そんな鈴木さんのもとに、近所の方からタケノコの差し入れがありました。そこで、鈴木さんはタケノコご飯をつくり、利用者に配ることを思いつきました。

4月10日、つくったタケノコご飯を、散歩がてら、すずの会の拠点「すずの家」に取りに来てもらうことにしました。同じ時間に一斉に取りに来てもらうと、人が密集してしまう可能性があります。そこで、取りに来てもらう時間を細分化して伝え、人が集まりすぎないように配慮しました。

顔を見てのちょっとのおしゃべりとタケノコご飯のおみやげに、「久しぶりに笑った」という声が聞かれたと言います。ささやかなつながりが重要と、すずの会では4月25日にも赤飯とエビ・春野菜の天ぷらをつくりました。4月25日を選んだのも、「1週間のうちで一番天気が良さそうな日だったから」という配慮からとのこと。

この日は、29食をお持ちかえりいただく盛況ぶりでした。いつものにぎやかな集いの風景とは雰囲気が違っても、ほっとできるひとときであることは変わらない、あたたかな風景でした。

赤飯とエビ・春野菜の天ぷら。それぞれの家庭の食卓に彩りを添える

つながるポイント

- 「取りに来てもらう」ことで運動機能の維持も
- 同じ時間に人が集まりすぎないような工夫をすることで安心して顔を合わせられる

つながる通信3号（2020年4月29日発行）

サロンが中止になっても、気にかけている思いを届けることができる

大分県中津市の沖代すずめ、神奈川県川崎市のすずの会は、どちらも住民主体で活動が始まり、地域のニーズに応えるかたちで取り組みが広がっていきました。

沖代すずめは小学校区、すずの会は中学校区という限定したエリアで、顔の見えるつながりをたいせつにした実践を20年以上積み重ねてきます。

その活動の軸のひとつと言えるのが、サロンであり、通いの場です。沖代すずめでは週2回の地域サロンを、すずの家では週2回の一般介護予防事業における通いの場を、それぞれの拠点で開催しています。

ところが、新型コロナウイルスの感染防止のため、人と人が密になる場の運営は自粛を求められました。「外出する機会も少なく、家でテレビを観るばかり。人とおしゃべりする機会がなくてさびしい、という声を聞いた」と沖代すずめの吉田日出子さん。「今まで、つながりづくりを重点に置いて活動してきた。そのつながりが切られたら、どのような影響があるのか」とすずの会の鈴木恵子さんは話します。

緊急事態宣言中に何ができるのか

沖代すずめでは、絵手紙を送ることを思いつきます。季節の花と、手書きの文面で相手を思いやります。自筆の手紙は、その思いがより強く感じられたり、何度も読み返す人もいたことは想像に難くありません。お礼の電話がかかってきたり、マスクを持って訪問した際にご家族から様子を聞かせてもらうなど、双方向のやりとりが気持ちを温かくしてくれます。

すずの会では、「コロナじゃなくて閉じこもりでコロッといきそう。さびしい」という声を聞き、すずの家に来られる方法を考えます。ご近所からの差し入れをきっかけに、お持ち帰りの弁当をつくりました。取りに来てもらうことで閉じこもりがちな運動機能を気にかけ、実施する日は「1週間で一番天気の良さそうな日」。さらには、来訪者で密にならないよう、細かな時間設定をする配慮もしています。

気にかけ合うことが励みに

いずれも、電話や玄関先でのちょっとした時間だったりしますが、共通するのは「これまでのつながりを大事にすること」に加え、「やっぱり人と会って、顔を見ておしゃべりすることが必要」というその声です。相手の顔を思い浮かべられる関係のなかで、ちょっとした気持ちを寄せあえることが、「気にかけ合い」です。そうした関係のなかで、ちょっとした不安があっても口にすることで解消できたり、「健康を保って、また元気に会いたい」という生きていくうえでの励みが生まれてくるのです。

NPO法人子育て支援のNPOまめっこ（愛知県名古屋市）

子育て中の「いま」に寄り添い、つながりを続ける

NPO法人子育て支援のNPOまめっこは、名古屋市から名古屋市地域子育て支援拠点の受託をして北区で3か所の子育てひろばの運営・開催と、名古屋市子ども子育て支援センターをコンソーシアムを組んで受託し運営しています。

初代理事長は、「乳幼児とその保護者への支援が必要」「いつでも行ける場所があれば」という思いから、子育てひろばの開設に尽力しました。開設する場所は、商店街にこだわったと言います。なぜなら、働く人と暮らす人が行き交う場所であり、身近にいろいろな大人がいて、自然な形で触れ合えるから。子育て支援をとおしてまちづくりのビジョンを描いていたそうです。そうした思いから、2003年、経済産業省のコミュニティ施設活用商店街活性化事業と、名古屋市の商店街空店舗活用事業助成を受け、柳原通商店街に、1か所目の子育てひろば「遊《ゆう》モア柳原」を開所しました。

遊モアは、週5回、9時30分から14時30分に開所しています。11時30分からのお昼ご飯の時間には、自宅からお昼ご飯を持ってくる人もいれば、両隣の障害者支援NPOや食堂で、日替わりランチやお惣菜を買って食べる人も。開所時間、ずっと利用している人もいれば、午前中だけ、午後だけ、と都合に合わせて無料で利用できる親子のための居場所です。

対面から オンラインサロンの実施へ

外出自粛要請が出てから、ひろばの開催を中止しています。そこで始めたのが、オンラインの子育てひろば。現理事長の中井恵美さんは、「当初、『2週間後まで』など、期間を示しての休業要請が出されていたけれど、それが『当面の間』となった。先が見えずに不安のある親子は、『当面』というあいまいな言い方ではしんどさを抱えきれなくなってしまう。何とかしなければ、と思った」とそのきっかけを話します。

当初は週5回、オンラインの子育てひろばを始めましたが、現在は、週3回。長期化に備えて「無理なく続けられるペースで」続けています。月曜日は手づくりおもちゃ、水曜日はテーマトーク、金曜日または土曜日は外部講師によるゲスト企画というプログラムで、定員は13人。14時30分からの30分間はおもに運営者が進行し、15時からの30分間はフリータイム。「最近、お風呂を嫌がるようになった」などの発言があると、近い月齢の子をもつ母親から「うちはこうしていたよ」といったアドバイスも。「参加者は遊モアに来ていた親子なので、それまでの様子を知っている。だから、『そろそろ離乳食は2回から3回に増やすころじゃない？』といった具体的な話しかけもできる」と中井さん。

オンラインだからこそ できるつながり

オンラインでの子育てひろばを始めて、予期せぬメリットもあったと言います。「来所型のひろばではつながりが切れてしまいやすい、第2子を出産したばかりのお母さんや、里帰り中のお母さんなどとも、オンラインだからこそつながりが続けられる」と中井さん。ひろばの再開は「未定」と言いますが、再開してもオンラインのひろばも並行して続けたい、と抱負を語ります。

つながるポイント

- 漠然とした不安や悩みに応える、オンラインのツールを開設
- オンラインの強みを活かして、状況や距離で切れてしまいがちなつながりも保ち続けられる

つながる通信15号（2020年5月21日発行）

オンラインと既存のサロンの双方の利点を活かす

「集まることができなくなったから、オンラインを活用しよう」という風潮は、コロナ禍のなかで一気に広まりました。マスコミでも、連日「オンライン〇〇」という言葉を聞かない日がないほど、「集まることの代替」としてのオンラインの可能性が一般化し始めています。

5/9(土) 第10回　Zoomで子育てサロン開催しました！
トークテーマ：「お家時間を楽しむアイデア」
オンラインの子育てサロン。子どもと一緒にいい笑顔

NPO法人子育て支援のNPOまめっこは、子どもとその保護者が安心して過ごせる居場所を名古屋市内で展開していました。外出自粛要請が出たとき、オンラインサロンに踏み切った経緯を「『1週間』など、期間を区切った自粛要請ならば頑張れる保護者もいるけれど、いつまで続くかわからない宣言下で、不安や悩みから耐えられなくなってしまう保護者がいる」と代表の中井恵美さんは話します。

オンラインサロンで見えてきたこと

サロンをオンラインに切り替えて、見えてきたこともあります。たとえば、里帰り出産のために、それまで来ていたサロンに来ることができなくなった親子とも、オンラインを通じてつながり続けることができます。対面でのサロンでは、時間を決めて待ち合わせをしても、子どもの状況によって予定どおりに準備ができないときもあります。そんなときにも、オンラインならばそれぞれの場所からつながりを続けることができます。

その際に大事にしていることは、オンラインサロンでも、ベースとなるのは日常のサロンであるということ。日常のサロンで見聞きした情報をもとに、子どもの様子を見たり保護者に話しかけたりしています。

お父さんも楽しく参加できるプログラムを考える

さらに、サロンでは子どもを遊ばせながらおしゃべりを楽しむ母親たちの影で居づらそうにしていた父親がいたことも、中井さんにとっては気がかりでした。「子どもと遊べる場所だから、と送り出されても、どう遊んでいいかわからないお父さん。スタッフが話しかけても、余計に居づらそうにしている姿が気にかかっていた」と言います。そこで、オンラインサロンでは、「お父さんの日」を決めてみました。外部講師による「子どもと一緒に筋トレしよう」などの企画に、積極的に参加してくれているお父さんたち。時間と目的とプログラムを決めた関わりで、お父さんたちも子どもと一緒に生き生きと参加しています。

「従来型のサロンも、オンラインでのサロンも、それぞれの強みがある」と中井さんが言うように、今後もまめっこでは、従来型のつどい場の機能とともに、オンラインサロンも続けていきます。

第1章

サロンや通いの場でできたつながりを途切れさせない

新型コロナウイルス感染拡大にともなう緊急事態宣言下において、多くの地域サロンなどが、感染防止の観点から活動の中止を余儀なくされました。

第1章で紹介した「地域ボランティア沖代すずめ」「ＮＰＯ法人すずの会」「ＮＰＯ法人子育て支援のＮＰＯまめっこ」は、それまでの活動から気になる人を把握していたため、「中止」という判断だけでなく、そのなかでもつながりをどう保てるのかという工夫をこらしてきました。

これら3団体の共通点は、それまでの活動が人と人との関係、いわばつながりをつくってきたことにあります。「コロナで会えなくなったから」と新たな活動として見守りを展開したわけではなく、これまでのつながりをベースとして、相手を思い、**声を聞き、耳を傾けることを大事にしてきました。**

それぞれがつながる方法を模索しました。「絵手紙で気にかけていることを伝える」（沖代すずめ）ことで、それがさらに言葉を交わすきっかけを生み出しています。「タケノコごはんのおすそ分け」（すずの会）では、通いの場が休止となって閉じこもりがちな高齢者の健康をも気にかけ、外出の契機にと考えました。「オンラインで子育てサロン」（まめっこ）は、通常のサロンではつながりが途切れがちになる、里帰り出産の母子などともつながり続けられるという新たな発見もしています。

活動が再開し、それぞれから聞こえることは、「利用者もスタッフも、すずめの家が心のよりどころになっている。無理して集まるのではなく、自然体で集まっている」（沖代すずめ）、「家の中でも動かないと、すずの家に行けなくなるから頑張る、と言っていた男性は、いまも急坂を休まず歩き、すずの家に来ている」（すずの会）、「目的をもったオンラインサロンの展開で、父親の参加のハードルが低くなった」（まめっこ）と、利用者・参加者に**とってもかけがえのない居場所だと再認識するだけでなく、新たな社会参加にもつなげています。**

緊急事態宣言という、私たちにとって経験のない事態が起き、「つどう」ことに大きな制約がかかりました。制限がかかっても、そこからつながりあえる方法を考えています。**そうした工夫は、つどうことでできた関係が、気にかけ合いにつながっているからこそ生まれ、生かされているのです。**

第2章

変わらないつながりから地域福祉を考える

感染防止の観点から、
多くの地域活動は休止や縮小など、
活動の制限を余儀なくされました。
そんななか、
地域の気になる人は、周囲の人たちは、
どう過ごしていたのでしょうか。
普段の暮らしに着目することで、
重層的な「気にかけ合い」のかたちが浮き出てきます。

女川町社会福祉協議会（宮城県）

移動販売同行で百人と会う

宮城県女川町の町社協職員で生活支援コーディネーターの住吉いづみさんは、新型ウイルスの感染防止で地域の行事やサロンが休止するなか、感染予防に十分な配慮をしながらなんとか住民の動静を探ろうと、町を巡る移動販売車への同行を試みました。

すると、4時間ほどで住民およそ100人に出会うことができたと言います。

生活支援コーディネーターが同行した移動販売の様子

「買いもの客のほとんどは高齢者。地域行事やサロンに出てくる顔なじみの人をはじめ、そうした場に来ない人や初めて会う人とも話をすることができました」

職場が休業して自宅で過ごす比較的若い世代と接することもできたそうです。

「これまでつながりがなかった住民ともつながれました。今後、地域の行事などへの参加を促す手がかりになると思います」

コロナ禍でも途切れない つながりから地域を知る

同行した移動販売は、おもに青果物を扱う業者で、毎週水曜日に別のまちからやって来ます。住吉さんもときどき利用しており、連絡先を知っていました。事情を話すと、店主は同行を快諾。4月22日水曜日の昼休みを除く午前9時から午後2時までの間、住吉さんは広場や駐車場などの販売ポイントに先回りし、その都度、品出しなどの手伝いをしながら様子をうかがいました。

「移動販売が来る時間は地区ごとに決まっていて、その少し前には販売ポイントに住民さんたちが集まってきます」

待つ間、買いもの中、そして買いものが済んだあともしばらくは、住民同士がおしゃべりの花を咲かせています。「その場がまるでサロンのようでした」

サロンとは呼ばれない、自然なつどいの場が行く先々で展開されます。移動販売は買いもの弱者対策だけでなく、孤立防止や見守りにも効果的。こうしたつどいの場も、住吉さんは地域福祉の資源「町のお宝」と位置づけ、社協だよりの記事に取り上げたり、協議体で報告するなどして広く情報共有を図っています。

つながるポイント

- 行事が中止になっても住民の普段のつながりがあるはず。日常の暮らしから、つながりを探しに行く
- 「買いもの」だけでなく、その前後の様子にアンテナを立てる

つながる通信7号（2020年5月6日発行）

生活支援コーディネーターの活動に見る「地域に入る」作法と実践

移動販売といえば、地域福祉的な文脈では単に「買いもの弱者対策」として語られることが多いのですが、女川町の生活支援コーディネーターの見方はもっと自由で柔軟で、豊かな内容を含んでいます。

生活支援コーディネーターは移動販売を、コロナ禍においても住民の日常的な暮らしぶりに接する手段として活用。行く先々で「買いものもできる地域のサロン」といった様相を目の当たりにし、移動販売を交流や見守り、孤立防止に効果的な社会資源として高く評価しました。

なお、ここに登場した移動販売は福祉事業ではなく、れっきとした小売業。宮城県の内陸部で取れた新鮮な青果物を沿岸部へ送り届け、住民に親しまれています。

生活支援コーディネーターもしばしば野菜などを買っていて、店主とは面識があったため、「生活支援コーディネーターとして住民の暮らしを把握したい」と同行を願い出ました。

住民活動を知るためには、まず交ぜてもらう

「住民活動を知るためには、まず現場にお邪魔して交ぜてもらうことが肝心」と生活支援コーディネーター。地域食堂のような住民活動があれば、調理作業の手伝いに入り、ボランティアの女性たちと会話を重ねます。調査や取材は、そのあと。

ある日、生活支援コーディネーターは、離島の住民活動に参加するため渡船を利用しました。船員から新聞の束を受け取る配達員を見かけ、「ご苦労さま」と声をかけます。すると配達員は、島の港から集落まで生活支援コーディネーターを車で送ってくれたそうです。別の日に「配達の様子を見せて」と頼んで同行してみると、高齢者の多い島の集落で、配達員はなんと一軒一軒玄関を開けて「おはよう」とあいさつ、新聞を手渡していました。「これってすごい見守り活動ですよ」と話します。さらに配達員は、移動手段のない住民が通院や買いもので港に行く必要があるとき、車に乗せてあげていました。

コロナ禍でも途切れないつながりと支え合い

女川町の生活支援コーディネーターは地域に入り、住民と関わり、暮らしのなかにあるつながりや、つながりを基盤とした住民同士の細やかな気遣い、支え合いを次々に掘り起こしています。

コロナ禍でも途切れないつながりと支え合いが、地域には実は豊富にあります。それを見つけて生かすことから、本当の意味での住民主体の暮らしやすい地域づくりが始まります。女川町の生活支援コーディネーターの取り組みが、そのことを示してくれています。

竹野南地区（兵庫県豊岡市）

活動者の見守りとご近所の気にかけ合いで安心をつむぐ

コウノトリのふるさとと玄武岩で知られる兵庫県豊岡市。ＪＲ豊岡駅から車で20分ほど走ると、山合の竹野南地区に到着します。２０１４年度から始まった豊岡市の地域コミュニティづくりの推進にともない、２０１７年に「竹野南地区コミュニティわいわいみ・な・み」（２０１９年ＮＰＯ法人化）が誕生しました。「わいわいみ・な・み」は、「竹野南のありとあらゆるグループ、人が『わいわいみ・な・み』の登録メンバー」と理事長の岡田隆男さんは話します。

副理事長の冨森とも子さんが代表を務める「よつばの会」では、「いろいろな人が出会え、顔を合わせて楽しく過ごせる場がほしい」という思いから、２００７年よりつどいの場を開催してきました。そうした経験が豊岡市支え合いサービス事業の受託、介護予防・日常生活支援総事業の通所型サービスＡの指定を受けた「ささえ愛通所サロン　わいわいみ・な・み」の活動につながってきました。

バス停の待ち合い所に置かれた白い引き出しに、新聞や行政などからの配布物が届く

活動と日常の 双方の視点で気にかけ合う

しかし、新型コロナウイルスの感染拡大にともない、つどい場や通所サロンの活動は休止。診療所も特別な事情がない限り、受診ができない状況が続いています。スタッフが利用者に定期的に電話をし、「畑に行っていた」「家でテレビを観てた」など、他愛ない会話から暮らしぶりを聞いています。

また、竹野南地区には、バス停に共同の引き出しがあり、新聞や各家庭への配付物がそこに届きます。以前から、取りに来ていない人がいると「新聞が残ってるよ」と声をかけ合い、気にかけ合う暮らしがそこにあります。新聞が残っていたり、電話で気になる状況を聞き取ると、ご近所や家族に連絡をし、様子を見に行ってもらうこともあります。

「日々の関わりがあるからこそ、いつもとちょっと違うと気づくことができる。地域の状況もコロナウイルスで厳しくなっているけれど、住民の暮らしは途切れないし、日々の営みも変わらない」。竹野南地区コミュニティセンターの地域マネジャー、鶴原広美さんは、そう語ります。

つながるポイント

- 地域の活動者による定期的な電話連絡で安否確認
- ご近所の日々の気にかけ合いでちょっとした異変に気づく

つながる通信８号（２０２０年５月７日発行）

新聞を取りに来たついでにおしゃべりを楽しむ。こうした関わりがあったからこそ、ちょっとした異変にすぐに気づく

担い手の見守りと、日常のつながりの双方が安心した暮らしを育む

豊岡市竹野南地区は、約1、000人が暮らす約8㎞の山間の集落です。谷に沿って道路が走り、そこに集落が点在しています。高齢化率が4割を超える竹野南地区ですが、もともとのコミュニティ組織はなく、2014年度から始まった豊岡市の地域コミュニティづくりの推進にともない、2017年4月に「竹野南地区コミュニティわいわいみ・な・み」が誕生しました。「わいわいみ・な・み」には、区長だけでなく、学校、消防、商工会、公民館登録グループなど、「竹野南のありとあらゆるグループ、人が『わいわいみ・な・み』の登録メンバー」と、理事長の岡田隆男さんは話します。地域のことを思い、地域のために活動をしている人すべてがメンバー、という考えです。

副理事長の冨森とも子さんが代表を務める「よつばの会」は、給食調理や小学校の読み聞かせの活動をするグループでした。活動の気づきから、「少子高齢化や人口減少など、過疎化が進む竹野南地区で『困った』を言い続けるのではなく、何かできることを考えたい」と、サロンを開始します。集落それぞれに自主的なサロンも開催されていましたが、人口の少ない集落では「出張サロン」という形でよつばの会が出かけて開催。さらに山の上とふもとの集落のつなぎ役を果たすなど、集落の人間関係のつむぎ直しにも寄与しています。

顔を合わせる日常のつながり

そうした活動が休止せざるをえないコロナウイルス禍でしたが、もともとは人と人とのつながりがしっかりとある地域。サロンの送迎を待つ間もつどい、おしゃべりを楽しむ姿はまるでサロンの「0次会」。畑に行く途中にある友人宅でのお茶飲みや、冬場はテレビを観ながら近所の友人同士、電話でおしゃべりをする関係があります。バス停の共同の引き出しには新聞などが届き、そこで顔を合わせる日常があります。

担い手の見守りと日常の関係の双方で気にかけ合う

活動が休止している間も、サロンのスタッフは参加者に電話をかけるなど、様子を気遣っています。そして、日常の、電話をしあったり、共同のバス停で出会ったり、という暮らしはそのままに続いています。電話をして留守であっても、「この時間なら、畑に出てるよ」と教えてくれる関係性があります。そうした双方の土壌を丁寧につむぎ、暮らしのなかに自然に溶け込んだ支え合いの価値を、住民のみならずそこに関わる専門職も認め合えています。だからこそ、安心した関係性のなかでの暮らしが壊されることなく、続いているのです。

第2章

「地域のお宝」がコロナ禍で果たす役割

地域のつながりは、日常の暮らしのなかに綿々と受け継がれています。コロナ禍においてもそうした営みに変わりはありません。むしろ、こうした状況だからこそ、住民ならではの知恵や工夫で乗り越えている部分がたくさんあるのです。

　そうしたつながりは、「ご近所づきあい」「日常のあたりまえのこと」と思われがちですが、そうしたことにこそ気にかけ合いや支え合いの本質があります。言い換えれば、**地域での支え合いは、人と人がつながることから始まっています。そうしたつながりは、まさに「地域のお宝」と呼ぶべきものです。**

　この「地域のお宝」が、コロナ禍においてどのような役割を果たしているのかを考えたのが、この第２章です。コロナ禍においても住民は、地域のつながりや気にかけ合いをたいせつに、変わらずにいとなみが続いています。そうした変わらない地域のつながりに着目をし、そこにアプローチをした専門職の事例（女川町社会福祉協議会）と、通いの場と日常のつながりの双方の視点をたいせつに紡ぐ事例（竹野南地区）を紹介しました。

　女川町社会福祉協議会の生活支援コーディネーターは、「集まれないなら日常の暮らしのなかに混ぜてもらおう」と移動販売車に同行し、住民と出会います。日常生活において、住民がどのようにつながっているかを自分の目で見、確かめに出かけたのです。そして、こうした状況でも、住民はいろいろな工夫をしながら生活をしており、そこに支え合いの芽があることを学んだり、さらには気になる人がそこで変わらない暮らしを続けていることに安堵もします。

　竹野南地区では、総合事業における通いの場や訪問でのつながりと、日常のつながりの双方を見ていくことで、地域へのより重層的な関わりが可能になっています。双方の視点で見えてきた気づきを専門職につなぐことで、訪問活動、生活支援、介護サービスなど必要な機関につなぐことができるようになっていると言います。

　生活に根差したつながりは、地域のなかにたくさんあります。場の必要性は言うまでもありませんが、それだけではなく地域の暮らし、いとなみを丁寧に見ていくことで、地域をさらに深く、広く知ることにつながっていくのです。

第3章

「そのとき」から未来を見つめ、専門職は何をしてきたのか

コロナ禍でも、
地域づくりに細心する多くの専門職がいます。
人と人とがつどうことが難しくなった
こんなときだからこそ、
目の前の声を真摯に聴き、
そこから未来の地域づくりを描いた
2つの自治体の動きを紹介します。

太田市社会福祉協議会（群馬県）

アンケートと訪問取材で、住民のつながる工夫を知り、広める

　太田市では、子どもから高齢者まで誰もが過ごせる居場所として「お茶の間カフェ」を地域住民が週2回、11か所で実施していますが、3月から開催を自粛しています。カフェを運営する地域住民たちは、会えないなかでの地域の暮らしぶりにアンテナを立てて、できることに取り組んでいます。

　韮川《にらがわ》地区の石川文子さんは、「団地に住む人は、誰かのお宅でお茶飲みをしているみたい」と安心する一方で、移動手段のない一人暮らし世帯が孤立しないように電話をかけ、ついでのときに訪問をして、気にかけています。ときには、お茶の間カフェの友だちを誘って一緒に訪ね、双方から再会を喜ばれることも。3密に配慮しながら、少人数で顔が見える機会をつくっています。

　また、大島二区の住民がおしゃべりやカラオケを週1回楽しむ「なごみの会」は、部屋の窓を全開にして、一定の距離を保って椅子を配置するなどの感染予防対策をとり、つどいを再開しました。この日は10人が集まり、大いに盛り上がって笑い合いました。メンバーは、休止中も電話やメールで連絡を取り合い、マスクをプレゼントしたり、そのお礼に布マスクをもらったりと、コロナに負けないつながりがあったと話します。

右から、韮川地区のカフェサポーター石川文子さん、カフェ利用者の原島さん、鉾之原さん

なごみの会では、感染予防対策をとってつどいを再開

独自の通信を作成

　これらの取り組みは、太田市社会福祉協議会の第一層生活支援コーディネーターが、12ある第2層協議体のメンバー219人にアンケートをとり、実際に現地を訪ねて把握。アンケート用紙を郵送する際には、本紙「つながる通信」を印刷して同封。「通信が参考になった。うちの地域でも参加者に絵手紙を送りたいと思う」「自粛だからと、何もしてこなかった自分を反省した。マネできることから取り組みたい」などの声も寄せられました。地域住民によるつながる工夫を紹介する太田市版「つながる通信」も創刊しました。

　先日は、ある地区の協議体から要望を受けて、住民向けにLINEのビデオ通話の使い方講習会を生活支援コーディネーターが行いました。冬の感染症流行時期を見据えて、つながり続けるために、いまできる準備を進めています。

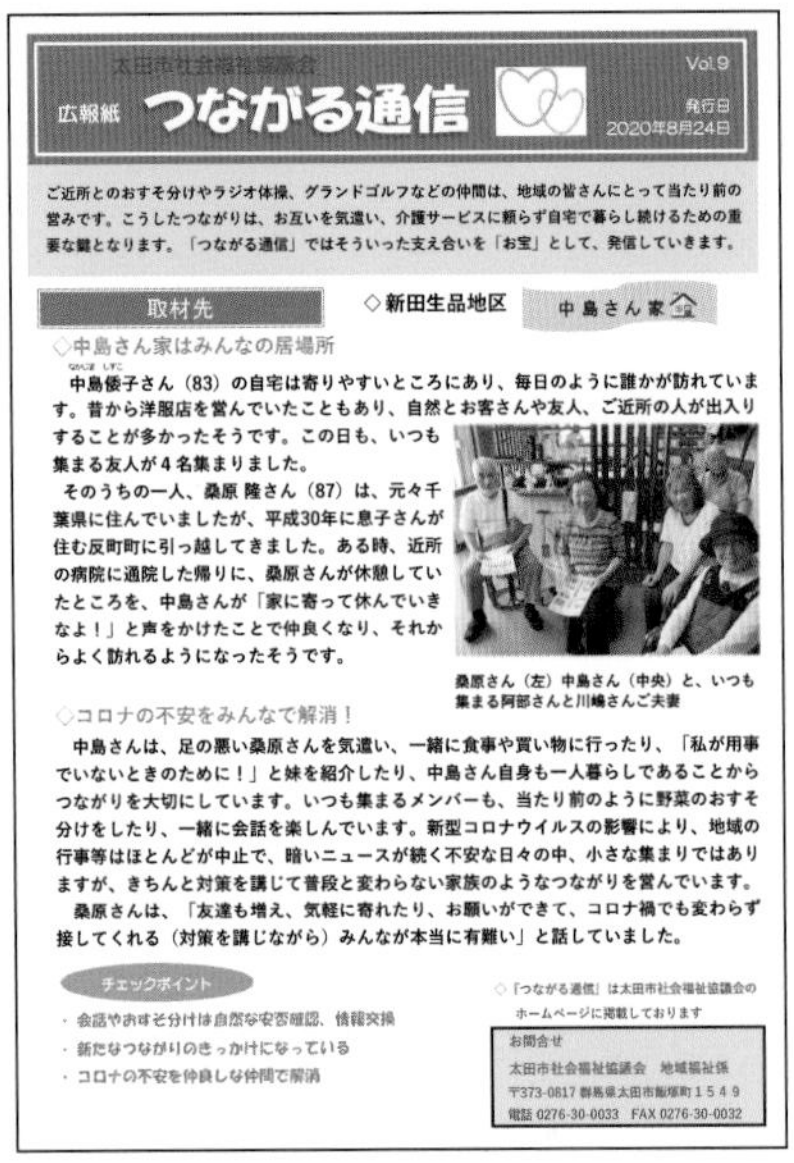

太田市社会福祉協議会
広報紙 つながる通信
Vol.9
発行日 2020年8月24日

ご近所とのおすそ分けやラジオ体操、グランドゴルフなどの仲間は、地域の皆さんにとって当たり前の営みです。こうしたつながりは、お互いを気遣い、介護サービスに頼らず自宅で暮らし続けるための重要な鍵となります。「つながる通信」ではそういった支え合いを「お宝」として、発信していきます。

取材先　◇新田生品地区　中島さん家

◇中島さん家はみんなの居場所

　中島倭子さん（83）の自宅は寄りやすいところにあり、毎日のように誰かが訪れています。昔から洋服店を営んでいたこともあり、自然とお客さんや友人、ご近所の人が出入りすることが多かったそうです。この日も、いつも集まる友人が４名集まりました。

　そのうちの一人、桑原 隆さん（87）は、元々千葉県に住んでいましたが、平成30年に息子さんが住む反町町に引っ越してきました。ある時、近所の病院に通院した帰りに、桑原さんが休憩していたところを、中島さんが「家に寄って休んでいきなよ！」と声をかけたことで仲良くなり、それからよく訪れるようになったそうです。

桑原さん（左）中島さん（中央）と、いつも集まる阿部さんと川嶋さんご夫妻

◇コロナの不安をみんなで解消！

　中島さんは、足の悪い桑原さんを気遣い、一緒に食事や買い物に行ったり、「私が用事でいないときのために！」と妹を紹介したり、中島さん自身も一人暮らしであることからつながりを大切にしています。いつも集まるメンバーも、当たり前のように野菜のおすそ分けをしたり、一緒に会話を楽しんでいます。新型コロナウイルスの影響により、地域の行事等はほとんどが中止で、暗いニュースが続く不安な日々の中、小さな集まりではありますが、きちんと対策を講じて普段と変わらない家族のようなつながりを営んでいます。

　桑原さんは、「友達も増え、気軽に寄れたり、お願いができて、コロナ禍でも変わらず接してくれる（対策を講じながら）みんなが本当に有難い」と話していました。

チェックポイント
・会話やおすそ分けは自然な安否確認、情報交換
・新たなつながりのきっかけになっている
・コロナの不安を仲良しな仲間で解消

◇「つながる通信」は太田市社会福祉協議会のホームページに掲載しております

お問合せ
太田市社会福祉協議会　地域福祉係
〒373-0817 群馬県太田市飯塚町１５４９
電話 0276-30-0033　FAX 0276-30-0032

太田版つながる通信

つながるポイント

・会が中止の間も、電話やついでの訪問、メールなどで連絡を取り合う
・地域住民によるつながる工夫を通信で発行し、広める

つながる通信21号（2020年6月30日発行）

住民の気づきをうながし、いまできる実践を広める

コロナ禍での住民活動が休止している間、「どのように過ごしていたか」「気になっていること（課題）は何か」を聞き出すアンケート調査を実施した自治体は多くあります。

太田市社会福祉協議会は、そのアンケートを送るだけでなく、「つながる通信」を同封することで「自粛期間中もこんな活動ができる」ということを住民に伝えていきました。そこで、住民の気づきが生まれます。「何もできなかったけれど、次に同じような状況になったときにはこんなことができるんじゃないか」「できなくなることを想定して、いまから準備できることはなんだろう」そうした思いが芽生えました。市社協が先導し、住民に「やってもらう」のではなく、情報を渡すことで住民の気づきをうながしました。「何かしたいけれど何もできない」ともどかしさを抱えている住民にとっては、大きなヒントとなったはずです。そしてそのヒントから地域にできる取り組みを考え、動くことが「住民主体」です。

取材をとおして、たいせつな仲間の意識を高める

さらに、実施したアンケートは集計するだけでなく、その場に取材に出かけています。「取材」というきっかけをつくり、そこで住民と対座し、地域の生の声をダイレクトに受け止めています。

実は、太田市社会福祉協議会では、昨年度も地域住民のつながりを教えてもらう「地域のお宝探し講座」を実施、講座で見聞きしたつながりを取材したり、そのつながりを自慢し合う「発表会」を開催してきました。取材をしたことで、「ただのお茶飲み友だち」と思っていた仲間が「お互いに大事な役割がある」とみずから気づいたと言います。コロナ禍でもお茶飲み仲間の気にかけ合いは続き、そのつながりの継続を生活支援コーディネーターも把握しています。

取材したものは「太田版　つながる通信」に掲載し、ホームページで公開しています。通信では、取り組みだけでなく、コロナ禍でのつながりをポイントとして紹介しています。こうした蓄積が、第2波、第3波、さらにそこから活動再開への転換期にも大きな役割を果たしていくはずです。

この通信では、取材原稿だけでなく「新しい生活様式のポイント」「免疫力を上げる効果のある体操」などの情報も発信。定期的な発行が、地域活動を再開する際に気をつけるポイントの発信にもつながっており、今後の展開にも期待を持っています。

太田市社会福祉協議会の「つながる通信」は下記より閲覧できます。

http://otashakyo.jp/publicity/tsunagaru/

多賀城市西部地域包括支援センター（宮城県多賀城市）

LINEビデオ通話で協議体！
こんなときだからこそ、やれることをやってみよう

スマートフォンのコミュニケーションアプリ「LINE」の画面や電話口から、「コロナのことで、あらためて家族のありがたさを感じた」「普通（と思っていたこと）は普通じゃなかった」「コロナが落ち着いたらスマホ教室を開こう。いつでもつながれるように」などの意見が飛び交いました。テーマは「平時を振り返って思うこと」「今、どんな工夫をしていますか」の2点。LINEビデオ通話を使った浮島地区は約1時間、LINEと電話で会議をした城南地区は30分ほどのやりとりが続きました。

事前訪問し、城南地区の委員にLINEの使い方を教える包括職員

人口約6.2万人、高齢化率24.5%の宮城県多賀城市。市内の3つの地域包括支援センターには、第2層の生活支援コーディネーターが配置され、それぞれに特色ある活動をしています。そのひとつ、西部地域包括支援センター管内では、5つの地区の協議体（通称、「小さなとなりぐみ」）が毎月会合を開き、サロンの運営や地域のつながりづくりを、生活支援コーディネーターや市役所職員とともに進めています。

みんなが参加できるLINE協議体を開催するために

しかし、3月中旬、新型コロナウイルス感染予防のため会合やサロンも休止、4月の開催も見送りになりました。そんなとき、浮島地区の協議体メンバーである大平恭治さんから「小さなとなりぐみもLINEで開催できないか？」と持ちかけられ、チャレンジすることに。生活支援コーディネーターのほか、地域包括支援センターの職員も手分けをして残る4地区の協議体メンバーを訪ね、意向やスマートフォンの所持、LINEは使えるかなど確認した結果、浮島と城南、高橋の3地区で実施することにしました。

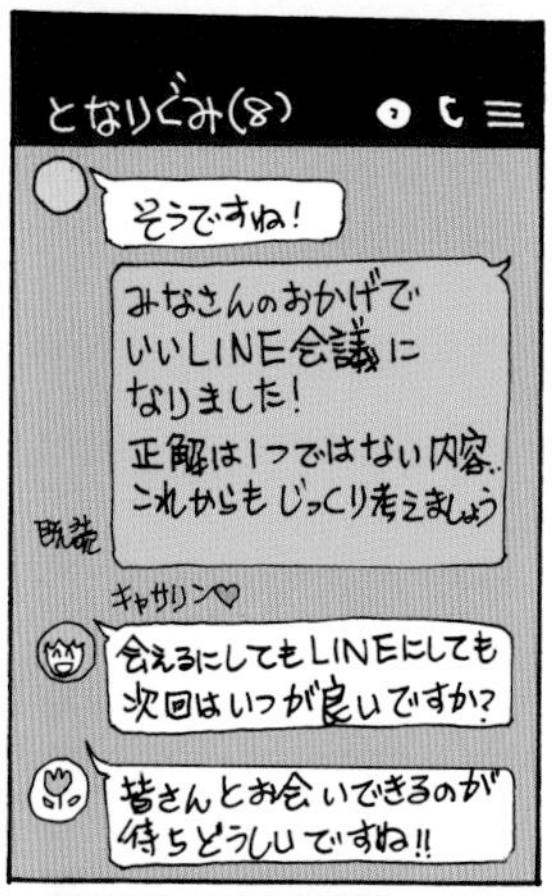

城南地区のLINE協議体

LINEビデオ通話にチャレンジした浮島地区のメンバーは、前日リハーサルも実施。LINE協議体で話ができることを心待ちにしていたようです。メンバー数の多い城南地区はビデオ通話ではなくLINEで実施。初めてLINEと向き合う宮川兼昌さん（80歳）宅には職員が出向いて操作をフォローしました。スマホを持たないメンバーも電話で参加。職員がその声を伝えるなど、メンバーを一人も取りこぼさない工夫をしたそうです。

浮島地区の委員とLINEビデオ通話で話す包括職員

小さなとなりぐみの話し合いからは、昨年ご主人を亡くされた奥さんの暮らしぶりをさりげなく気遣っている様子などが聞かれました。「制約の多いコロナ禍の暮らしのなかでも、気にかけ合う地域の姿が見えた」と生活支援コーディネーターの今野まきこさんは話します。

そして、協議体のメンバーも今野さんたちも、「顔を見て話をしたい思いが募った」と言います。今は、6月の再会を心待ちにしている皆さんでした。

つながるポイント

- 会えなくてもスマートフォンを使っての交流。全員が参加できるように、使えない人には職員がフォローする
- 再会を楽しみにできるように、つながりを切らないサポートをする

つながる通信13号（2020年5月15日発行）

「取りこぼさない配慮」があってのオンライン協議体

多賀城市西部地域包括支援センターは、生活支援コーディネーターの配置を受けてほどなく、5地区の「小さなとなりぐみ（2層協議体、以下「となりぐみ」）」の立ち上げに取り組み、各地区で2年以上にわたって毎月話し合いを重ねています。

さらにこの5地区には2013年から続く「地域ネットワーク会議」があり、区長・民生児童委員・地域包括支援センター職員が、地区の高齢者や気になる人の見守りなどについて話し合っています。この会議は、2011年3月の東日本大震災の教訓から、「どんなときにも地域はつながっていたい」という一人の民生委員の発案をきっかけに始められました。生活支援コーディネーターの今野まきこさんは、「この会議の経験が、顔と暮らしの見える小地域で、地域の人たちが話し合いを持つ基盤になった」と言います。

一人の発案に耳を傾ける

LINE会議は「となりぐみ」のメンバーから、「地域ネットワーク会議」は民生児童委員からの提案を受けて始まりました。このことは、地域包括支援センターが一人の声や発案に耳を傾け、その思いを、地域住民や関係者、専門職と一緒にかたちにしてきたと言えます。そうした姿勢は、コロナ禍以前も、会議に参加できなかったメンバーには、話し合いの内容をまとめた手紙を毎回届けていたり、高齢のメンバーがLINE会議に参加できるよう個別にフォローしたり、スマホを持たないメンバーには電話で参加してもらったりと、メンバー一人ひとりの参画を担保するところにも表れています。

協議体などの組織や事業を立ち上げていく際に専門職がリードするのではなく、住民の声に立脚して、どうしたらそれを実現できるかを一緒に考えることをていねいに続けています。2013年に始まった地域ネットワーク会議から7年。今野さんは、「順調なときばかりではなかったが、あきらめなければ必ず道が見えてくると信じて続けてきた」と言います。

「顔を合わせたい」という思いが募る

「となりぐみ」のメンバーは、自粛期間中にも「顔を合わせたい」という思いを募らせてきました。そんななか、開かれた協議体。城南地区では、「再流行で集まれなくなる日が来る。その日のためにLINEをうまく使えるように」と話し合い、8月にはスマホ教室を開催。今では80歳の区長から、「おはようございます！」のLINEが届くなど、日常のコミュニケーションの手段になりました。高橋地区は、自粛前にスタートした小さな困りごとを地域住民が助け合う「ご近所大工の会」の連絡手段にLINEを活用しています。また、電話で協議体を開催した「となりぐみ」もありました。メンバーそれぞれが、自粛前のつながりを振り返り、自粛中の工夫や解除後の希望を語り合い、地域包括支援センターに報告。集約したものをメンバーに返しています。

自粛という関わりの不自由さを体験し、コロナ禍以前よりコミュニケーションの手段が増え、「となりぐみ」として取り組みたいことも増えました。住民と専門職が互いに足りないところを補い合う多賀城西部地域包括支援センターと「となりぐみ」の関わりに、住民主体の地域づくりのたいせつな視点があります。

第3章

「つながりたい」思いを専門職が受け止める

緊急事態宣言が出て、地域活動が停滞するなか、専門職にとっても「活動休止を要請した地域に対して、どのようなサポートをすればいいのか」「貸付や給付金の相談業務に追われて本来の地域支援業務に手がまわらない」という声を多く耳にしました。

そんな状況で、「自分たちになにができるか」を考えた取り組みを紹介しました。

太田市社会福祉協議会は、第1層の生活支援コーディネーターとして10人が配置されています。いままで開催してきた「地域のお宝発見講座」「地域のお宝発表会」などをつうじて知り得た地域のつながりを、このコロナ禍において再取材し、それを通信にまとめて発行しています。取材を重ねるなかで、日常のつながりが住民同士の安心を生み出していることに、コーディネーター自身が改めて気づいています。一度の取材では見えてこなかったことも、時期を変えて何度も見ていくことで、その後の様子などもつかみ取れています。

多賀城市西部地域包括支援センターは、第2層の生活支援コーディネーターとして、日常から住民の声を聞き、協議体形成までに丁寧なかかわりとともに、かなりの時間を費やしてきました。「こんなときだからつながる必要性がある」という実感を住民と包括が共有できたのは、これまでのつながりがあったからこそです。個別支援に長く取り組んできた包括だからこそ、住民に伴走し、一人ひとりの声に耳を傾ける力がより強くあります。高齢の住民の苦手なことには寄り添い、その場に行き、一緒に考えながら直接の支援をしますが、住民にしかできないことを見極め、互いに補い合うことで地域の基盤を強くしています。

いずれも、住民の「つながりたい」という思いを専門職がしっかりと受け止めていることが共通しています。コロナ禍でもつながり続ける住民は、「最近、顔を見なくなった○○さんの様子が気になる」など、地域のさまざまな変化を敏感に感じ取っています。そうしたちょっとした気づきは、「散歩の途中で外からそっと見ておこう」など、専門職の知らぬ間に住民同士で解決している場合も多々あります。そうした住民とつながることをあきらめない、つながることを支援できる専門職だからこそ、住民が発した思いやキャッチしたニーズを受け止めることができるのです。

第4章

住民主体の活動の再開へ

休止をしていた活動の再開には、
求められている声もある一方で
大きな不安を抱えていることも事実です。
再開にあたり、
何を話し合い、どんな工夫をしているのか。
正しくおそれ、
楽しくつどうためのアイディアを紹介します。

お茶っこの会（岩手県紫波町）

おそれながらも、楽しくつどう

岩手県のほぼ中央に位置する紫波町。町の西部にある志和地区は、人口3、585人、高齢化率40・31％（2020年5月末）の地区です。

ここで民生委員活動をする小田中久夫さんは、高齢者の見回り、話し相手の活動を中心に地域活動をしていますが、家に閉じこもりがちになり、ご近所とのつきあいも減っていき、独居状態になっている地域住民の姿が気にかかっていました。

民生委員3年目の2019年5月、小田中さんは、両親と妻の協力で、自宅作業場の一角を開放し「お茶っこの会」を立ち上げました。活動に際し、紫波町の生活支援コーディネーターの佐藤由美子さんや町社会福祉協議会の菅波久美子さんが会の進め方や高齢者の相談相手となり、健康で明るい生活を送るためのアドバイスを伝えました。

会は、毎月第3月曜日の9時30分から2時間ほど開催されます。

初回のお茶っこの会では「『久しぶりだなぁ』という挨拶があちこちで聞かれ、「開催してよかったと実感した」と小田中さん。健康維持のため、毎回、健康体操や管理栄養士による食の話などを取り入れ、日常の生活に役立ててもらっているそうです。

コミュニティナースの話を聞く皆さん

「集まりたい」の思いをかなえるために

「昔は農作業の手伝いでそれぞれの家をまわる『結っこ』があったけれど、最近は農作業の機械化もあり、そうした姿を見なくなりました。そんなことも、集まる機会が減っている要因かもしれません」と生活支援コーディネーターの佐藤さん。

そんなお茶っこの会も、新型コロナウイルスの感染防止の観点から3～4月は中止しましたが、参加者からの要望もあり、5月に再開することに。再開にあたっては、地域おこし協力隊のコミュニティナースに来てもらい、新型コロナウイルスに対する注意事項などを参加者とともに確認しました。佐藤さんは、「ただ怖がるのではなく、正しい情報を取り入れ、予防に取り組む姿勢が見える。おそれながらもつどうことで、免疫力も高まっているように思う」と話します。

志和の八幡エリアには志和八幡宮があることから、もともとお祭りや行事がさかんな地域です。9月のお祭りには、毎年、「のぎ花」を軒先に吊るすのがならわしです。「のぎ花」は、1つの飾りに5～6個の花がついたもの。最近ではつくり手がいないために購入したものを飾る家が多くなっていますが、「お茶っこの会でつくってみよう」という話が出て、参加者の目標になっています。

お祭りの季節。地域によって異なるが、このようなのぎ花が軒先を飾る

つながるポイント

- つどう場が、地域の伝統文化を育む場に。
- 活動を再開するときに正しい知識を学び合い、再びつながり合うことで、心身ともに健康に。

つながる通信13号（2020年7月8日発行）

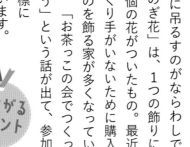

再開するために、住民と正しい知識を共有する

岩手県紫波町志和地区に立ち上がった「お茶っこの会」。地区の住民の自由なおしゃべりの場です。民生委員が声をかけたところからお茶っこの会が始まりました。

民生委員が日々の活動をとおして気にかけていたことは、以前に比べて人と人がつどう頻度や人と会う機会が減ってきていることが閉じこもりがちな暮らしにつながっていたことです。

自分の地域でつどい、おしゃべりをし、つながることが必要であること、また、それが次の世代に受け継ぐ地域づくりにつながっていくと確信したことからこの会がスタートしました。

同じ地域に住んでいながら、「久しぶりね」という会話が聞かれることからも、顔を合わせる機会が減ってきていることを彷彿とさせます。

安心してつどうために　みんなで学ぶ

そんなお茶っこの会も、新型コロナウイルス感染予防の観点から中止に。それでも、「集まる楽しさ」を知った住民の気持ちは止まりません。新型コロナウイルスという見えないウイルスにおびえつつも、「みんなと会っておしゃべりをしたい」という思いが、あふれてきました。

そこで考えたのが、「やみくもに中止するのではなく、どうしたらみんなが安心してつどえるか」ということ。会場の換気やアルコール消毒などの対策はもちろんですが、参加者一人ひとりがコロナウイルスへの正しい知識をもってつどうことが重要と考えました。

地域おこし協力隊として赴任しているコミュニティナースにお茶っこの会に来てもらい、医療的な視点を学ぶ機会をつくることになりました。テレビなどでは情報が氾濫し、不安に思っていても、気心の知れた友人と一緒に専門職の話を聞けることは、正しく理解をするだけでなく、不安や予防対策を共有できる貴重な場にもなります。

待っている仲間がいるから

生活支援コーディネーターの佐藤由美子さんは、さらに、自粛期間中の高齢者のＡＤＬが低下していることも気にかかっています。別のサロンでは、歩行に多少の不自由さのある高齢者本人が、自粛期間で筋力が衰えていると実感した場面もあったそうです。歩くことに不安を持っている高齢者であっても、自分の力でサロンに向かって歩いている姿を、ほかの高齢者が窓から見守り、到着したときには皆で拍手喝采！

つどう場があり、そこで待っている仲間がいるからこそ、そこに行きたいと思う気力も体力も生まれてくるのです。

泡瀬第三自治会（沖縄県沖縄市）

顔を見てつながることが、安心につながる

沖縄市泡瀬は、沖縄市の東部、海岸沿いに位置します。泡瀬第三自治会の範囲となるのは泡瀬5丁目（人口2、489人）・6丁目（同1、132人）、高齢化率32・1％の地域です（2020年7月末日現在）。

ひとり暮らしの高齢者や高齢者のみの世帯も多く、防災の観点からも、「万一のときに連絡がとれるように」と自治会では気になる人に登録を呼びかけ、その家族の連絡先などを把握しています。また、活動の中核となる公民館では、歌声サークルやミニデイサービス、ゆんたく（おしゃべりの会）など、住民同士がつながるさまざまな活動がされていました。

ですが、新型コロナウイルスの感染防止の観点から公民館は閉館となり、顔を合わせる機会が一気になくなってしまいました。

ラジオ体操から自治会長散歩で声かけ

そこで立ち上がったのが、自治会長の仲眞紀子さん。「閉じこもることで体力が落ちて、再開できたときに集まれなくなってしまうのでは」と危惧し、10時と15時の1日2回、区内のスピーカーを利用して、朝はラジオ体操、午後は唱歌を流しています。

10時になると、「家の中でも外でもいいから一緒に体操しよう」と元気よく呼びかけ、ラジオ体操が始まります。終わると、「『自治会長散歩』に行きますよー」と言い、5丁目と6丁目を交互に巡り、声かけをして回ります。

夏祭りの開催とその工夫

泡瀬第三自治会では、毎年、夏祭りを開催しています。地域外からも来客があるにぎやかなお祭りですが、例年どおりの開催は難しいという判断をせざるを得ませんでした。

自治会長散歩で声かけ

おそろいのポロシャツで、「声かけ隊」の出陣式

それでも、「自粛が続き、子どもたちも活動が制限されている。何かできないか」と、中止にするのではなく工夫をして開催する方法を選択しました。時期を「感染者が少ないいまの時期に」と7月中旬の土曜日に設定。自治会会員などを対象に事前申し込み制として来場者を把握しました。さらに、持ち帰りの弁当を渡して会場での飲食は行わない、基本は屋外でのイベントとして隣のテントとの間隔を十分にとる、フラダンスなどの発表は室内で行うが観客は外のテントから見る、などの工夫がなされました。当日は220人が来場するまつりとなり、各所から「楽しかった」という声が聞かれました。

自治会長散歩から声かけ隊の結成

さて、自治会長散歩で地域をまわる仲眞さんですが、やはり毎日のこととなるとたいへんです。婦人会に「自分の班だけでいいから、ちょっと声をかけてくれない？」と言うと、12人ほどが賛同し、「声かけ隊」を結成。自治会への登録者を中心に、見守りや声かけが始まりました。

「ひとり暮らし世帯や、高齢者世帯が多い地域だから、顔を見ておかないと不安なのよ。声をかけたら、何かあったときにも話してくれるから」と仲眞さん。沖縄市地域包括支援センター東部北の饒辺《よへん》里奈さんは、「地域の皆さんも、つながりがあるからこそ何かあったときにも連絡がしやすいようです。気になることがあったらまずは自治会へ連絡を入れ、高齢者の相談などは包括につなげてくださっています」と話します。それでも、「皆さんはやはり対面でゆんたくを楽しむことを望まれています。新しい生活様式を取り入れながらも、以前のように集まれることを心待ちにされています」と話してくれました。

つながるポイント

- 「できない」ではなく、「できる方法」を考える
- 気になる人を、みんなで声をかけ合える地域に

つながる通信28号（2020年9月10日発行）

楽しさを共有し、つながりを切らない

泡瀬第三自治会は、コロナ禍においても「人と人がつながる」ことを軸に置いた活動が進められています。その背景には、日常からのつながりをたいせつに考え、孤立しないように取り組んできた地域の思いがあります。

たとえば、公民館で開催する活動のなかに、「まーみな会」というユニークな会があります。「まーみな」とは、沖縄の方言でモヤシのこと。自治会長の仲眞さんがモヤシを大量に購入し、地区の高齢者と一緒にモヤシのひげとりをし、再度袋詰めします。仲眞さんがLINEで自治会や婦人会の仲間に「まーみながあるよー。買う人ー」と声をかけると、「○袋ほしい」などの返答があります。その利益を積み立てて、「普段行かないところに行こう」とホテルのランチに出かけたり、「最近はモーニングがはやっているらしい」と、モーニングを提供するお店に出かけるなど、参加する高齢者の楽しみの場になっています。年齢を重ねても楽しいことを見つけていくこと、地域のなかで役割を持ち続けること、そして人と人とがつながり続ける工夫を日常から強く意識していることがうかがい知れます。

中止ではなく、どうすれば開催できるのか

夏祭りは、「自粛生活で我慢が続く子どもたちが輝ける場をつくりたい」という強い思いから開催の決断をされました。「中止にするのではなく、どうすればできるのかを考える」という自治会の動きに対して、のべ200人を超える来場者があったことからも、地域で人と人が出会う場が求められていることがわかります。3密を避けるためにできる限りの配慮をし、さらに「万一感染者が出た場合にどうするか」という対応を考えての開催です。学校が休校となったり、いろいろな行事が中止となったコロナ禍で、子どもたちが生き生きとして過ごしたこと、そして「来年の行事のために」とつくった鯉のぼりの作品。窮屈な日常での思い出だけでなく、来年への希望を描けた一日となったことでしょう。

ワクワクで地域を豊かに

泡瀬第三地区のリーダー、仲眞さんにはたしかに強いリーダーシップがあります。そのリーダーシップは、日ごろからの丁寧な関係づくりに裏打ちされています。そんな仲眞さんのことを、沖縄市地域包括支援センター東部北の饒辺里奈さんは、「ワクワクの達人」と称賛します。地域に楽しさをもたらす仕掛け人でもある仲眞さんを中心に、つながりをつむぎつつ、明るく確かな地域づくりへと進んでいます。

第4章

「つながりたい」思いを カタチにするための知恵と工夫

新型コロナウイルスの感染拡大防止から、集団感染が生じやすい場の共通点となる「密閉」「密集」「密接」、いわゆる「3密」を避ける動きが一気に広がりました。

「場」を休止したのはいいけれど、では、再開の道筋は?となると、それぞれの自治体や団体の規定や思いがあり、「ガイド」はあっても、一律の「基準」というものは存在しませんでした。

ただ、その裏側には、住民の「顔を見てつながりたい」という思い、顔の見える関係のたいせつさが日常生活のなかにいかにたいせつなものかが見え隠れしています。その思いに寄り添いながら、「安心してつながれる」ための方策、いわば合意形成のような工夫が各地で広げられています。

いまのつながりをたいせつに、住民とともに専門職から学び、つどいの再開に踏み切ったお茶っこの会（岩手県紫波町）、緊急事態宣言下もつながりを切らないように住民みずからが動き、さらには未来を担う子どもたちのために夏祭りを開催した泡瀬第三自治会（沖縄県沖縄市）。いずれも、「顔を見てつながりたい」という住民の思いを、安心とともにカタチにした知恵と工夫が詰まっています。

各地の地域活動再開に向けた取り組み

「つながりを切らない」情報・交流ネットワーク主催「オンライン交流会」（2020.8.24実施）参加者の声から抜粋しました

・家族や本人の要望もあり、地域住民主体の認知症カフェが5人限定で再開した。感染予防の啓発や感染予防の体制づくりなどで活動をサポートしている。（横浜市六ツ川地域ケアプラザ（神奈川県））

・コロナへの正しい知識をもつため、医師を招いて勉強会を開いた。大人数のサロンは自粛しても、2～3人のご近所サークル「ダイヤモンドクラブ」が活躍中。自粛中のミニデイのボランティアのつながりを切らないために、ボランティアのためのミニデイを始めた。（NPO法人すずの会（神奈川県））

・コロナ禍ならではの活動を見ておこうと、喫茶店や薬局の駐車場、道端などにも目を向け、住民活動の資源把握に努めている。サロンができなくても何かしらのコミュニケーションがとられているはず。そうしたつながりや活動を見出していこうと考えている。（一宮市高年福祉課（愛知県））

・ラミネートのパーテーションをつくったり、手づくりの食事を弁当に代えて実施したり、昼食をやめて午前・午後の2交代制をとったり、お菓子を個包装にして持ち帰ってもらうなどの工夫をしている。おしゃべりをともなう活動を控えて、体操のみ、という団体もある。（宝塚市社会福祉協議会（兵庫県））

・プランターに入った10リットルの土と1本の苗を渡し、庭先で育ててもらう「プランターファームプロジェクト」を実施。野菜の育て方やその日の体調を気遣い合う会話がなされている。何気ない日常に張り合いが出るとともに、みんなに共通する話題ができたことで「見守りや声のかけ合いがしやすくなった」と言われている。（淡路市社会福祉協議会（兵庫県））

第5章

コロナ禍から見据える地域共生社会

コロナ禍において、
求められたのは新しいつながり方。
一方で、
つながりの弱い人たちの存在も浮き彫りになりました。
このコロナ禍を地域が一体となって乗り越えること、
それは地域共生社会の実現につながります。
すべての人に居場所と役割がある、
地域で支え合う姿を紹介します。

くさか　つながる食堂（大阪府東大阪市）

食堂は休止でも、弁当で地域のつながりを広げる

大阪府東大阪市の「くさか　つながる食堂」は、1年ほど前から、さまざまな人がつながれる場に、と高齢者施設のスペースを利用して食堂を開催してきました。

「くさか　つながる食堂」は、発達障害の親の会を母体に立ち上がった児童デイサービス、校区福祉委員会、東大阪市社協の地域担当とコミュニティソーシャルワーカー（CSW）が会した際に、「ひとり親家庭で食事に十分な時間がかけられない」「母親が働いているため、手づくりの食事を食べる機会が減っている」「孤食の子どもがいる」といった課題に、誰もが来られる食事の場をつくろう、と始まりました。発達障害児・者のサークルでは、親子ともに発達障害の傾向があり普段の暮らしが気にかかる家庭が、子育て中の母親のサークルでは子どもの成長への不安が、高齢者のサークルでは元気な高齢者が「地域のために何かをしたい」という思いがそれぞれにありました。そこで、それぞれが地域に声をかけ、一緒に食堂を開催し、一緒にごはんを食べることで、地域で顔の見える関係をつくっています。年に2～3回、不定期に開催をしつつ、運営する人たちのつながりの場ともなっていました。

得意を持ち寄り、関わりの輪が広がる

新型コロナウイルスの感染防止のため、会場となる高齢者施設の使用や、密が想定される「集まり、一緒に食事をする」ことが難しくなりました。ですが、休校にともない、家庭での食事が心配な親子もいます。そこで、家庭での食事の一助になればと、4月21日から週1回、お弁当の配達を始めました。

お弁当は、10人ほどのボランティアがつくり、配達します。利用したい人は事前に申し込み、子ども100円、大人300円で利用ができます。口コミのほか、LINEで情報を提供するサークルがあったり、特に気になる人には個別に声かけをして周知しています。配達に行くことで、ボランティアは「今まで気づかなかった家庭の様子が見えてきた」と話します。そこで気になったことはCSWなどに伝え、相談支援につないでいます。重要性が見えてきたため、給食再開後も実施日を土曜日にして、続けています。

あるとき、あるボランティアがお弁当づくりに向かうと、近所のカレー店から「どこ行くの？」と声をかけられたと言います。弁当配達の取り組みを話すと、「そんなに素敵なことをしているなら、できることを協力したい」と申し出があり、カレー店のカレーが提供される日もあります。ほかにも、家庭菜園で収穫した野菜を持ってきてくれる人もいます。

「くさか　つながる食堂」には、おにぎりマイスターの78歳の女性がいます。この女性、松浦妙子さんは、地域のいろいろな催しのボランティアとして参加する行動派。ですが、新型コロナウイルスの影響で、それらの催しがのきなみ中止となり、外出する機会が減っていました。そんな折、「くさか　つながる食堂」からの応援依頼をされた松浦さんは、「おにぎりの専門職でやるわ」と、手伝っています。松浦さんのおにぎりは、「おにぎりマイスターのおにぎり」として、評判です。

ボランティアスタッフからは、「自分がつくったものを喜んで食べてくれる子どもたちがいると思うと楽しいし、うれしい気持ちになる」「届けたときに子どもやお母さんが嬉しそうにありがとうと言ってくれて、配達をして本当によかったと思う」との声が届いています。

ボランティアの手づくりのお弁当。手前の女性がおにぎりマイスターの松浦さん

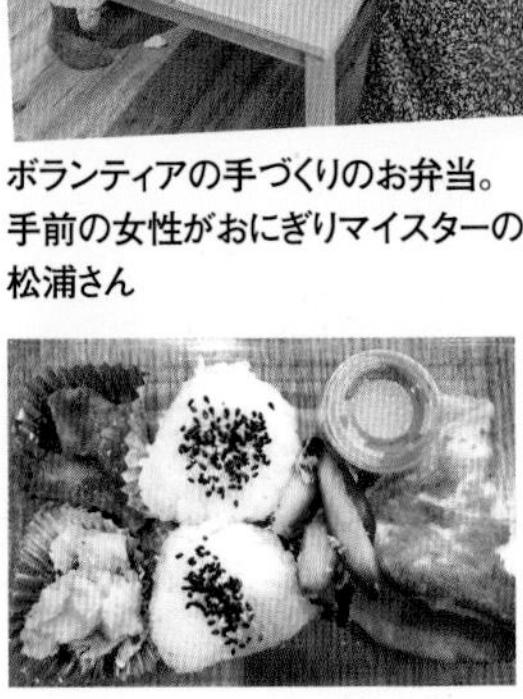

おにぎりマイスターのおにぎり、カレー店のカレー。地域のプロたちの思いが詰まったお弁当

つながるポイント

- 弁当の配達をとおして、家庭内の気になることをキャッチ。専門職に伝え、必要に応じた支援への媒介をする
- それぞれができることを持ち寄り、新たな関わりの輪を広げていく

つながる通信21号（2020年6月30日発行）

気になる人を気にかけながら、「得意なこと」で活動を豊かにする

くさか　つながる食堂は、発達障害の親の会を母体に立ち上がった児童デイサービス、校区福祉委員会、東大阪市社協の地域担当とコミュニティソーシャルワーカーの発案で始まりました。市内のいくつかの団体がともに活動をすることで、横の連携を深めるきっかけとなっていました。「親子ともに発達障害の家庭が気になる」という発達障害児・者のサークル。「母親同士、子どもの悩みや喜びを共有したい」という子育て中の母親サークル。「地域のために何かがしたい」と思う高齢者のサークル。いずれも地域で誰かとつながりたい、という思いは共通しています。ですが、年に数回の食堂運営ではイベント的な開催になってしまうことはやむをえない状況でした。

気になる家庭を支えたい

そんな折、新型コロナウイルスの影響もあり、「食堂」の開催は難しくなりました。そのときに頭をよぎったことは、「学校が休校となり、食事に困っているAさん家族」という、具体的な家庭像でした。お弁当の配達を決めるまでには、「届けた先で感染をするかも」「万一感染していたら、お弁当の配達を介してウイルスを広めてしまう」という意見もありましたが、感染予防対策を徹底すること、なによりも「気になる親子を放っておけない」という思いから宅配に舵を切りました。

実際、弁当を届けることで「来てもらうだけでは見えなかった家庭の様子が見えるようになった」など、アウトリーチの力をつけています。配達するだけでなく、見守りや声かけのたいせつな機会となっているのです。

それぞれが役割をもって活動に参加

さらに、そうした活動を見ている地域住民から次々と「手伝いたい」という思いが生まれ、行動につながっています。カレー店の店主は、登下校の見守りボランティアをともにする仲で、弁当づくりに行くボランティアスタッフに声をかけたところから、弁当配達の活動を知り、協力を申し出ています。校区福祉委員会でボランティア活動にいそしむ女性は、活動先の自粛が続いたことから弁当づくりに参加します。女性には、「おにぎりマイスター」として、ゆるぎない役割がここにあります。

緊急事態宣言が解除され、学校が再開しても、弁当づくりは続けています。現在は、宅配ではなく持ち帰り弁当となり、大人200円、子ども100円で提供しています。「くさかのばあば」による手書きのお品書きが弁当に花を添えてくれます。「元気にしてた？からあげ弁当です」などのコメントが、温かい気持ちにさせてくれます。

コロナ禍で活動が変化しつつも、より広がりを見せている「くさか　つながる食堂」。気になる人を気にかける一方で、得意なことを持ち寄りそれを活かせる「役割」がここにあります。

宮城海岸ぷからさの会（沖縄県北谷《ちゃたん》町）

ぷからさの会のラジオ体操

つながりで元気を生み出す

北谷町は、沖縄県中部の都市圏に位置し、人口約2・9万人、高齢化率は約20％。

11ある行政区の一つ、宮城区では毎朝6時半から、海沿いの遊歩道で「ぷからさの会」というラジオ体操会が開かれ、高齢者を中心に多いときで30人近くが参加します。

ちなみにぷからさとは、島言葉で喜び、うれしさ、感謝といった意味。

会の活動は、新型ウイルスの感染予防徹底のため、当分休止としています。

5年ほど前から通う比嘉良武さん・ヨシ子さん夫婦（ともに86歳）は、会の活動休止を受け、朝5時半からウォーキングに出かけるようになりました。同じ時間帯にウォーキングに励む仲間は多く、会の活動が休止でも、遊歩道を歩けば必ずと言っていいほど仲間数人と顔を合わせます。それが「楽しみであり、励みにもなる」と言います。6時半までには帰宅し、家の中でラジオ体操をします。

地域のつながりが夫妻を支える

実は、ヨシ子さんは認知症を患い、抗認知症薬を服用しています。良武さんと二人で自宅で暮らしています。

認知障害が出始めた頃、良武さんは、周囲とのコミュニケーションが困難になっていくヨシ子さんをかばうように、人づきあいを避けて夫婦2人だけで過ごすようにしていました。そんな様子に近所の仲間たちが気づいて家を訪ねると、庭は荒れ、部屋は散らかり放題。仲間たちは数日かけて片づけを手伝いました。

仲間の一人、幸地公子さんは、ヨシ子さんが適切な医療を受けられるよう支援。さらに「朝は体操に来て、夜は私に電話して」と伝え、体操会と電話で朝と夜の一日2回見守れるようにしたのです。

混乱し、疲れ果てていた比嘉さん夫婦はみるみる元気を取り戻しました。ヨシ子さんは薬の服用で状態も安定し、一緒にグラウンド・ゴルフやラジオ体操を楽しめるようになりました。

コロナ禍で体操やゴルフは休止を余儀なくされても、ウォーキングと夜の電話は続いています。また、比嘉さん夫婦と近所の仲間たちは毎日のように、お互いの家の前を通るたび「おーい何してるー」と呼びかけます。家に上がってお茶飲みや食事をともにすることは控えていますが、家庭菜園で採れた野菜や手料理のおすそ分けはしょっちゅう。つながりを切らず、元気を保って暮らしています。

つながるポイント

- 集まることは自粛しても、日常のなかで行き合う時間をつくる
- 普段の生活リズムを崩さないことは、再び集まれたときにもペースを崩さない

つながる通信8号（2020年5月7日発行）

誰もが地域で普通に暮らせるように

宮城海岸ぷからさの会は、約20年前、幸地公子さんが早朝ウォーキングの途中、一人でラジオ体操をするようになったのが始まりです。通りがかりの人や知り合いを誘って仲間を増やし、笑いヨガなども取り入れ、小学生から高齢者までが参加する朝の体操会になりました。

新型コロナウイルスの感染拡大に伴う緊急事態宣言が出されると、活動休止を余儀なくされます。その際、幸地さんは仲間全員に電話で「しばらくお休みしましょう。体操したい人は個人的に、任意でしてはどうでしょう」と提案し、賛同を得ました。また、マスク不足に対応しようと裁縫の得意な友人に布マスクづくりを依頼。手づくり布マスク約50枚を会の仲間や気になる高齢者などに見守りを兼ねて配り歩きました。このときは、電話で事前に「直接渡すか、ポストに投函するか」選んでもらっています。全員が直接の手渡しを選択。つながりやふれあいをたいせつにしようという思いを共有していました。

宣言の解除後、体操する人同士の距離を開けるなど感染予防に配慮し、活動を再開しています。

知恵・工夫でつながり切らず

幸地さんと比嘉良武さん・ヨシ子さん夫妻、そしてその友人たちが親睦を深める最初のきっかけはグラウンド・ゴルフでした。

プレー中、ヨシ子さんの精神状態が不安定になると、幸地さんはすぐに気づいてそれとなく良武さんに尋ねます。良武さんは、ヨシ子さんが認知症であることを打ち明けました。

幸地さんは「親しい仲間には教えてあげましょう。きっとみんな助けてくれます」と夫妻を励ましました。

ヨシ子さんの症状が進み、周囲とコミュニケーションが取れなくなると、夫妻は人付き合いを避けるようになりました。

心配した幸地さんら仲間3人が比嘉さん宅を訪ねます。3人は荒れた庭や室内にも動ずることなく、数日かけて片づけを手伝いました。適切な医療や介護のサービスが受けられるよう助言したり、相談に乗ったりもしました。

幸地さんが夫妻をぷからさの会に誘うと、夫妻は毎朝、会へ通うようになりました。外出の機会を得て周囲とのつながりが回復していくにつれて、夫妻は元気を取り戻していきます。ヨシ子さんの体調も良好な状態を保つようになり、以前のようにグラウンド・ゴルフを楽しめるまでになりました。

幸地さんはさらに、ヨシ子さんに「毎晩私に電話して、その日あったことを教えて」と促します。朝の体操と夜の電話で一日2回、夫妻を見守れる環境を整えたのでした。

コロナ禍で会の活動が休止したときは、夫妻は朝5時半からウォーキングをするようになりました。

会の仲間の大半は同じ時間帯、ほぼ同じコースをウォーキングしています。歩いている途中、必ずと言っていいほど複数の友人らと行き会い、声をかけ合います。

家でのお茶飲みや食事会は控えても、日々買いものなどで外出し、お互いの家の前を通りかかるときには「おーい、何してますかー」と呼びかけ、あいさつを交わしていました。ヨシ子さんから幸地さんへの夜の電話も、もちろん続けられました。

コロナ禍でもつながりは切れず、孤立は生じず、夫妻は心身ともに安定した状態を維持することができました。

新たな地域づくりの取り組みへ

実は、こうした住民の暮らしぶりを、北谷町社会福祉協議会に配置された生活支援コーディネーターや町の保健師、社会福祉士らは高く評価をしています。ヨシ子さんを囲む友人たちの姿を見た生活支援コーディネーターや社会福祉士は、「ヨシ子さんを先生とした、認知症サポーター養成講座のようだった」と話します。

こうした地域のつながりは日常生活とも言い換えることができ、当たり前の日常のなかではそのすばらしさになかなか気づくことができません。北谷町ではこうしたつながりを、「地域のお宝発表会」として発表し合い、つながりのたいせつさを再確認しました。何気ないつながりがすばらしいとほめたたえ合うことで、「いまの暮らしを続けていこう」というモチベーションにつながります。そして、発表会の場で「認知症の症状が出ても、これまでのつながりを大事に、毎日を楽しく暮らしている」というヨシ子さんの発言からも、暮らしのなかにいかにつながりが大きな意味を持っているかがわかります。

比嘉さん夫妻は、現在もこれまでの仲間の関わりを変えずに元気に暮らしています。最近、良武さんは、あるひとり暮らしの男性が気にかかっていると言います。自分が閉じこもりがちでつらい期間に地域の仲間に支えられた経験から、その男性を孤立させたくないという思いが芽生え、コロナ禍においてつながりのたいせつさをあらためて実感しているからです。

良武さんは、生活支援コーディネーターとともに、近隣住民と親睦グループ「ちゅいしぃじぃの会」の結成を模索しています。「ちゅいしぃじぃ」とは、島言葉で助け合うこと、支え合うことの意。宮城区の住宅地は高齢世帯が増え、地域のつながりづくりの必要性を良武さんは強く感じています。「私の家で月1回くらい飲んだり食べたりして楽しい時間を過ごしてもらうだけでいい。そんなことでつながりをつくっておけば、困ったことが起きても仲間同士できっと支え合えますよ」と話します。

地域共生社会の実現に向けた第一歩

地域共生社会の実現に向けて、なくてはならない視点は、「排除しない地域をつくること」にあると言えます。もちろん、適切な医療や福祉サービスを受けるのは日常生活を送るうえで大事なことですが、本人がサービスだけと結びつくのではなく、家族や友人、知人といった日常の人間関係のなかにあるいとなみをいかに維持できるかも、同時に問われています。

日常のつながり、そしてその関係性を壊さない適切な支援計画、さらにはそのつながりを豊かに広げる活動、それぞれが人の暮らしや地域のいとなみのなかにバランスよく保てることが、地域共生社会に向けた第一歩なのです。

北谷町お宝認定授与式（写真提供:北谷町福祉課）

第5章

住民主体で地域に居場所と役割をつくる
～地域共生社会へのスタート～

「地域共生社会とは、制度・分野の枠や、「支える側」「支えられる側」という従来の関係を超えて、人と人、人と社会がつながり、一人ひとりが生きがいや役割をもち、助け合いながら暮らしていくことのできる、包摂的なコミュニティ、地域や社会を創るという考え方」という理念が提案されています。

地域共生社会の実現に向けて、求められるのは制度やサービスの拡充だけではありません。厚生労働省社会保険審議会の地域共生社会推進検討会の最終とりまとめ（令和元年12月16日）では、包括的な支援体制の構築に向けて、「断らない相談支援」「参加支援」「地域づくりに向けた支援」の３つの柱が重要だとされています。

コロナ禍において、専門職による「断らない相談支援」体制づくりだけでなく、誰もが生きがいや役割を持って地域で生き、その姿を認め合える地域づくりの重要性がいっそう浮き彫りになって見えてきました。

むしろ、このコロナの状況を契機に、さらなる地域共生社会に向けた地域づくりの推進が求められています。そしてそれは、**地域住民がお互いを認め合うという住民主体の地域づくりであることと同時に、専門職は地域共生社会を正しく理解し、それに向かう地域づくり支援を行う役割が求められます。**

つながる食堂に見る地域共生社会への動き

こうした観点をもとに、第５章の２事例をひも解きます。

「くさか　つながる食堂」では、緊急事態宣言にともない、まず真っ先に気になったことは、「学校の給食で一日をつないでいる子どものいる家庭」でした。それまでの食堂の取り組みやそれぞれの活動から家庭の事情も垣間見えており、その家庭を住民の力で支えていこうと活動を始めました。そして、そこに地域のさまざまな力が集まります。栄養士など資格を持った人、飲食店で働く人、さらには地域活動の休止によって日中の活動先がなくなった人。年齢や生活環境の異なるさまざまな住民の力がそこに集まってきます。

このことは、活動を進めながらも、**地域の困りごとを受け止める土壌が育まれると同時に、地域にいる潜在的な活動者に働きかけ、その人たちの居場所や役割ともなっている**ととらえられます。多様な人たちが協

地域住民の手によるお品書きは、一つひとつ顔も違い、お弁当に温かさを添える

力することで、いろいろな関わりや参加の仕方があることが見えてきました。そして、それぞれが持ついろいろなニーズが活動のなかで循環しているのです。

　地域においては、一方的に支える・支えられるという関係ではありません。「役割」は、支えているだけでなく、地域に居場所、行く場所がある、という支えられる活動でもあります。役割が支えることであると同時に、役割＝生きがいがある、という支えられる活動でもあり、それが地域共生社会における参加支援のスタートなのです。

ぷからさの会に見る、地域共生社会の本質

　「宮城海岸　ぷからさの会」は、認知症の夫妻とその友人たちの、日常の交流の様子を著しました。病気を発症し、いままでの人間関係から距離を置こうとしていた夫婦の心の扉を開けたのもまた、地域住民でした。実は、閉じこもりがちだった間に妻は一度、介護サービスの利用を検討しているのですが、なじめずに利用をとりやめたという背景もあります。**支援計画では支えきれなかった夫妻の暮らしは、仲のいい友人同士で訪ね合ったり、声をかけ合ったりすることで、何ら変わることのない暮らしの継続が可能となっています。**

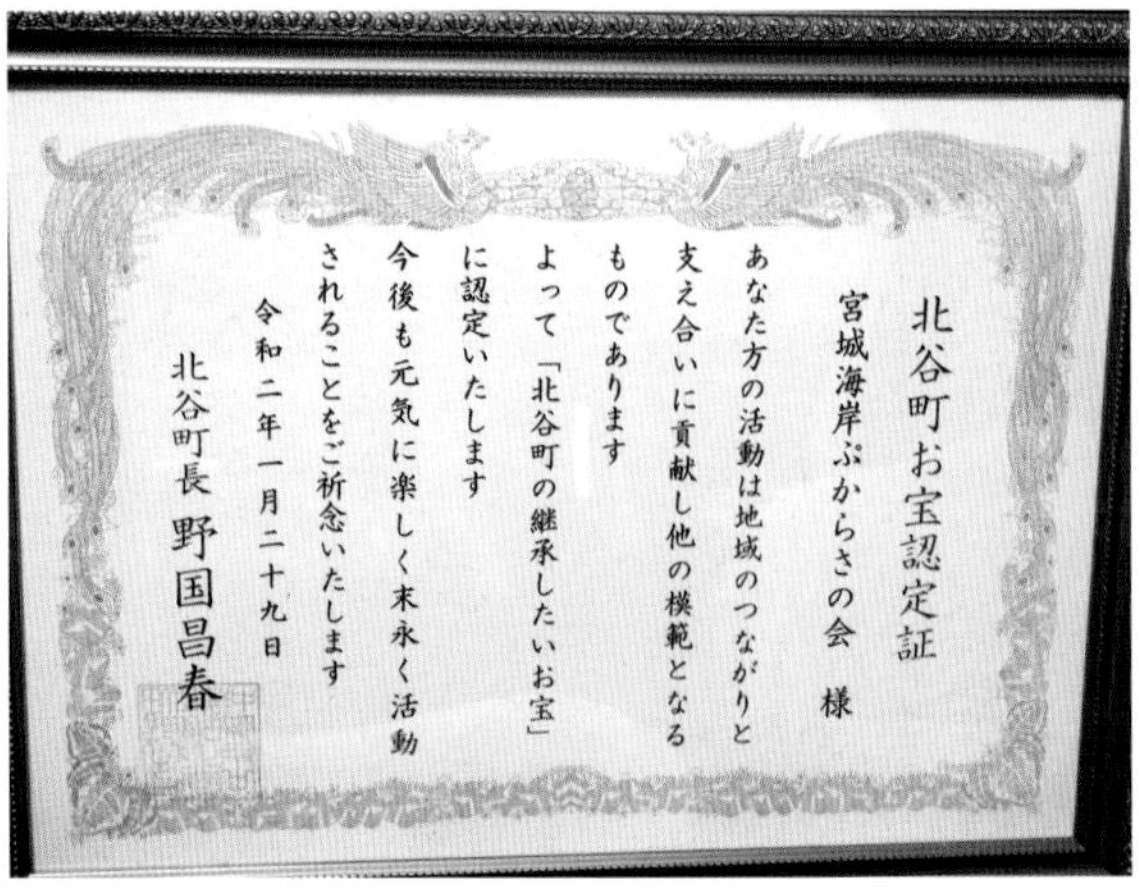

「地域のつながりと支え合いが、町のお宝」と、町長からの認定証が授与された

　認知症の妻の症状を見ていた仲間たちは、さらにぷからさの会でのラジオ体操に誘います。気になる人を限られた関係のなかで受け止めるのではなく、地域のつどう場に自然と誘導します。人と関わり合うことで元気を取り戻した夫妻、さらに夫は、コロナ禍において身近な地域でつながる重要性に気づき、地域への恩返しともいうべき、新たな活動を地域で立ち上げようと考えています。

　認知症当事者の妻と、支える夫と**いう当事者の生きづらさやしんどさを知らせることで、周囲の関心を呼び、それが夫婦の安心につながっています。さらにそれが地域における支え合いや見守り合いという地域づくりに進展しているのです。**

コロナ禍から見る地域共生社会

　新型コロナウイルス感染下における地域活動の停滞によって、「今日行くところ」（きょういく）「今日の用事」（きょうよう）を失う人がたくさんいました。「つながる食堂」も「ぷからさの会」も、そうした状況下でもつながりあい、「きょういく」と「きょうよう」を地域のなかにつくりあげています。**どんな状況下でも、どんな生活環境になってもつながり合える地域は、安心して暮らせる地域と言えます。**そうしたつながりのたいせつさは、コロナ禍だからこそより際立って見えてきたものでもあります。

　「断らない相談支援」も、「参加支援」も、いずれもその土台となるのは「地域づくり」です。誰もが役割や生きがいを持って地域で暮らし、お互いを認め合う地域を住民とともにつくりあげること。新型コロナウイルスの感染拡大をおそれて地域でのつながりを途切れさせるのではなく、**感染拡大が起きたからこそ改めて考えたつながりのたいせつさを地域でどのように受け止め、未来の地域に活かしていくか、**改めて動き出すための話し合いを地域で進めていかなければなりません。

座談会

コロナ禍から、気にかけ合うつながりづくりの社会へ

櫛部武俊（一般社団法人釧路社会的創造協議会・北海道釧路市）
森田真希（NPO法人地域の寄り合い所また明日・東京都小金井市）
塚本秀一（社会福祉法人湘南学園・滋賀県大津市）
池谷啓介（NPO法人暮らしづくりネットワーク北芝・大阪府箕面市）
佐藤寿一（社会福祉法人宝塚市社会福祉協議会・兵庫県宝塚市）
凪保憲（社会福祉法人淡路市社会福祉協議会・兵庫県淡路市）
上村加代子（NPO法人にしはらたんぽぽハウス・熊本県西原村）

聞き手
池田昌弘（NPO法人全国コミュニティライフサポートセンター・宮城県仙台市）

池田昌弘（以下、池田）：「つながりを切らない」情報・交流ネットワークは、コロナ禍における非常事態での体験と、それを乗り越える「顔を合わせずとも、つながりを切らない、孤立させない新しいつながり方」のさまざまな工夫を考え、発信していこうと2020年4月17日に立ち上げました。皆さんには、呼びかけ人として活動を支えていただいていますが、それぞれの現場で感じていることをお話ください。

櫛部武俊（以下、櫛部）：釧路社会的創造協議会では、住居確保給付金の相談を受けています。給付金は原則3か月で、最長9か月まで受け取ることができます。3か月ごとに書類の更新という名分で相談者を訪ねています。そこで家の様子など、生の声を聞くことができています。役所や建物のなかではなく、リモート相談も含めて地域に積極的に出かけて行きたいと思っています。

これまで、私たちが関わりを持ってこなかったいわゆる「中間層」からの相談が増えています。**相談者の不安や孤立にどう寄り添い、接していくかが問われている**と考えています。

塚本秀一（以下、塚本）：保育の現場では、感染リスクを抱えながらもほとんどの保育所、認定こども園で原則開園し、保育を継続しています。国から新しい生活様式が発表されていますが、保育現場では取り入れられる部分もできない部分もあるなかで、子どもたちにいいと思うことを手探りで進めています。

たとえば、学校になじめなかった子どもが「学校に来なさい」と言われなくなったことで学習意欲が増したり、みんなと食事をとることが苦手な子どもが対面せずに食べることで落ち着いて食事ができることもあります。

一方で、赤ちゃんを保育するときには触れずに保育をすることは不可能です。おむつ替え、だっこはもちろん、マスクをしたままで赤ちゃんとコミュニケーションをとるのは不自然です。保育現場では、科学的にも情緒的にも3密は避けられません。

コロナ後の現場で私たちがどう考えていくか、**子どもたちが生き生きと過ごせる場所や空間を、新しい日常のなかでどう補償していくのか**を考えていかなければなりません。

森田真希（以下、森田）：普段のつながりやかかわりは、こういう非常事態のときのためのものだったのか、と実感しています。「また明日」は、保育と認知症対応型デイと地域に開放しているよりあい所を運営しています。ここには、生後3か月の赤ちゃんとそのお母さんと、90歳を過ぎたおばあちゃん、放課後に小学生が来たりしています。お母さんは里帰り出産も、出産後に遠方の実家から親に手伝いに来てもらうこともできなくなりました。赤ちゃんの夜泣きがひどく、「コロナが怖いからと家にとじこもっているより、家に赤ちゃんと2人だけでいるほうが、自分に余裕がなくてどうにかなりそうで怖い」と来てくれています。そうした声に応えるためにも、**感染予防対策を講じつつ、変わらない日常を保つためにエネルギーを割いています。**

佐藤寿一（以下、佐藤）：宝塚市社会福祉協議会では、コロナの活動への影響や工夫して取り組んだ活動、社協に希望する支援内容等について、6月に生活支援やサロンの活動者へのヒアリング、自治会にはアンケート調査を実施しました。活動を継続している自治会等では、「会議の人数を減らす」「戸外での打ち合わせ」「オンラインを活用」「3密への配慮と時短」など、独自の工夫があることも垣間見えています。また、生活支援やサロンの活動者からは、参加者のADLが落ちているという報告を受けている一方で、複数の自治会から「一度に集まれなくても、できることをしていきたい」という力強い意見も寄せられました。いままで地域福祉活動に積極的でなかった自治会のなかから、「見守り活動に自治会として取り組む必要がある」と回答してくれているところが出てきています。**自宅にひきこもりがちになる高齢者の安否や健康状態の悪化に危機感を持ち、見守り活動に対する意識が高まっています。**

上村加代子（以下、上村）：コロナ禍において、「仕事がなくなった」「シングル親家庭で子どもの食事が心配」「毎日の昼食づくりに疲れた」という声を聞き、にしはらたんぽぽハウスでは、「コロナに負けるな！家族応援弁当」をつくって、毎週土曜日に無料でお渡ししています。地元の大学生がつくってくれた塗り絵を子どもたちに渡し、それに色を塗ったり折り紙をつくってメッセージを書いて、にしはらたんぽぽハウスに持ってきてくれます。そのメッセージを、週3回実施している一人暮らしのお年寄り向けのお弁当に添えています。

そんななか、私たちを襲ったのが2020年7月の豪雨被害です。たんぽぽハウスでは、全国から寄せられた物資を軽トラックに積んで被害の大きな地域をまわり、顔を見て手渡ししています。

感染防止の観点から、県内の私たちが頑張らなければ、と思う反面、県内だけで本当に対応ができるのか、困っている人に手を差し伸べられるのかという不安は常にあります。

池谷啓介（以下、池谷）：現在のこの状況は、差別の構造として非常に危機的な状況です。**見えないもの、みずからに降りかかるかもしれないことに対しての不安が、感染者や医療従事者、その家族に対しての忌避意識、それに対してのおそれ、関係断絶などにつながっています。**そこで大事になってくるのは、教育や啓発です。誰もが差別される側にも差別する側にもなり得る状況で、その構造を理解しない限り、間違った差別が繰り返し生まれてしまいます。それが、感染した人が感染を隠したり、「自分は関係ない」と言うスタンスになりかねないのです。私たちは、教育委員会などにもアプローチをしながら、社会で起きていることを学校に伝えて、**こういう社会情勢が差別につながる可能性があると社会へ発信する必要があります。**

暮らしづくりネットワーク北芝では、つながれていない人をどうするのか、という議論をずっと続けてきました。行政や社協とどう協働し、どんな提案をしていくのかという政策的なことも大事です。

北芝では、SNS相談を始めました。学校が急に休みになり、急に始まり、学校でしんどい思いを抱えた子どもが増えています。学校に行けない、友だちができていない。小中学生をはじめとした10歳代の子が「しんどい」と。それを受ける場は、窓口の対面相談ではありません。子どもたちが親の目の届かないところで相談できる場が、今後も大きな課題になると思っています。SNS相談を現場の生活困窮者自立支援相談につなげる場面が増えています。**文字から対面相談につなげるスキルがインフラとして必要**だと思っています。

コロナ禍で つながりづくりを 進めていくために

森田：「新しい生活様式」を最初に見たとき、「**医療的な視点でしか考えられていない内容で、福祉の視点がまったくそこに反映されていない**」と「また明日」を一緒に運営している相方と話していました。そのときに、「延命措置」について考えました。延命措置は、医療的にはたしかに正しい。でも、なぜそのあとにホスピスや終末期の考え方が出てきたか。人間らしい最期を求める人が出てきて確立されたのだと思います。**福祉とは、人として生きていきたいという願いです。**福祉職は、もっとそのことを提案をしていいんじゃないかと思うんです。

上村：7月豪雨で大きな被害を受けた人吉市や球磨村は、高齢化率が高く、道路の整備もできていなくてほとんどの人がそこに住めないと言われているのですが、それでも再建の相談が多いんです。物質的なものはたくさん入ってきていますが、**心の病、心のケアとともに、なぜそこに住み続けたいと思うのか、人と人とのつながりを改めて考えていくことが課題**になっています。

佐藤：医療関係者は、コロナ禍においても短期間のうちに調査研究を進め、量的な調査によるエビデンス、バックデータをもとに多くの論文が出てきています。だから政策がそちらに動きやすい。福祉は感覚的に動いていくので、同じように短期間で動くということはできていません。具体的なデータを示していかないと政策として取り上げてもらえないと思っています。

コロナ禍でつながりづくりを進めていくために、災害時にならった人の配置ができないかと考えていましたが、短期間で補正予算に間に合わせる提案は難しいし、逼迫した状況のなかで地域づくりはどうしてもインパクトが弱い。被災地でも、個別支援に注目はいきますが、つながりづくり、地域づくりまでは言われない。**避難所、仮設住宅、災害公営住宅、人とつなぐ支援を個別支援と合わせてやっておかないと、地域は元に戻りませんし、地域に力がついていきません。**

いままでは、集まって声をかけ合い、顔を合わせることが活動のメインでした。普段からの人間関係が育めている地域では、この状況下でも気にかけ合えていますが、そうでない地域もあるなかで、つながりづくりを一から始めることも視野に入れる必要性があります。

池田：福島県の復興公営住宅で、亡くなってから2か月後に発見されるという報道がありました。支援員が月1回の訪問を続けていましたが、コロナの影響で対面をやめ、インターホン越しや電話に変更していました。この人は、地域のイベントにも参加していたし、買いものに行く姿を近所の人も見ていました。それでも、「最近見かけないけれどどうしたの?」と声をかけ合うつながりがなかったのです。**支援員とつながっていれば安心、と思うのではなく、気にしてくれる誰かとつながっていないと、「最近、様子がおかしいな」と気づいてもらうことはできません。**

従来は、地元のお店がたくさんあったり、イベントがあったり、消防団やママさんバレーがあり、世話好きさんもいました。そういう関係が薄れていくなかで、すべてを民生委員や自治会にゆだねるのは難しい。平日の昼間、働きに出かけなければならない人がいるならば、その人に給与を出して地域を歩き、気になる人を気にしてつなげていくような役割も必要になってきていると思います。

令和2年度補正予算で、新

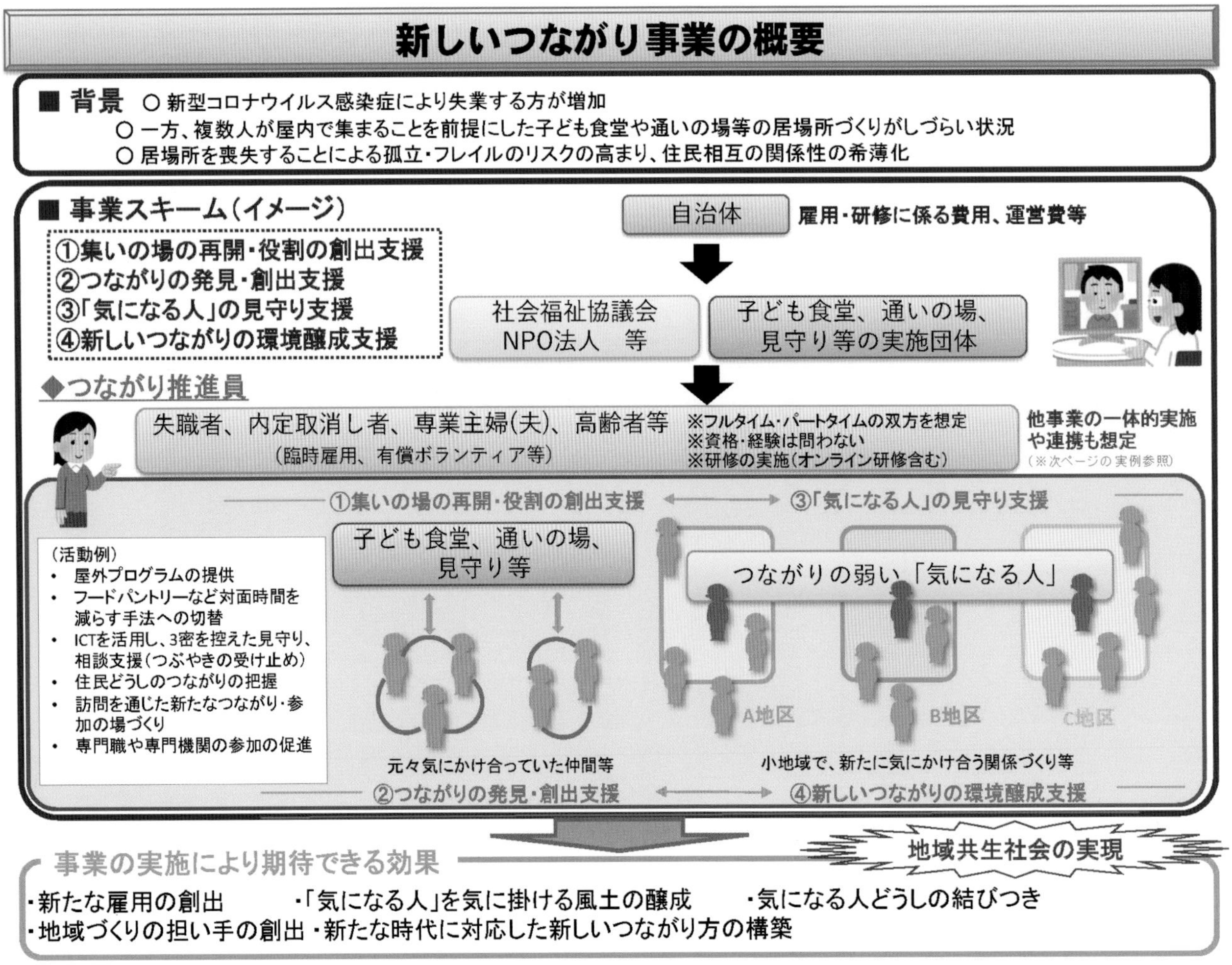

＜図1＞(出典)厚生労働省社会・援護局地域福祉課生活困窮者自立支援室長　事務連絡　令和2年6月24日
令和2年度第2次補正予算を活用した地域におけるつながりづくりの 取組の推進について(情報提供)

型コロナウイルス感染症対応地方創生臨時交付金が創設されました。それを活用した「地域におけるつながりづくりの取組」では、新型コロナウイルス感染症の感染拡大防止に配慮しながら、地域のなかで新たにつながりを構築していくための事業（新しいつながり事業）が提案されています。ここでは、①集い場の再開・役割の創出、②つながりの発見・創出、③見守り支援、④新しいつながりの環境醸成を事業スキームとした「つながり推進員」の配置が提示されています。

介護保険など個別支援に関わる専門職は多く存在するのに、気にかけ合う地域づくりを専門に担う人材はわずかです。これでは、「地域、地域」と言われても、それに関わる住民の皆さんも追い付きません。本当にたいへんな状況の人の支援はもちろん必要ですが、**地域の人たちのちょっとした気づきがあれば安心が担保できる人の存在に気づいて、みんなで見守れる地域が求められています。それこそが地域共生社会への第一歩**だと思っています。

新しいつながり方を考える

池田：「つながりを切らない」情報・交流ネットワークでは、住民の取り組みを入り口として、さまざまな地域活動の知恵と工夫を紹介しています。地域が壊れていくことにならないような多様な発信をする必要があると思っています。

凪保憲（以下、凪）：淡路市社会福祉協議会では、コロナ禍だから中止するのではなく、変化を加えたり、工夫をすることで実施ができるのでは、ということを地域ぐるみで、サロンなどで話し合ってほしいという通知を出しています。サロンの開催においては、感染予防に配慮するという観点から、アルコールやマスクの準備、非接触型体温計を買い、活用してもらうように準備をしました。**これまでのようなつながりの形は難しくても、「何も停《と》めない、何も止《や》めない」ことを前提に、感染防止に配慮をしながらどのように人と人がつながり合えるかを考えています。**

森田：先日の夕方、外から「また明日」をのぞき込んでいる人影がありました。小学生の頃はよく遊びに来ていた中学生の男子たちでした。彼らなりに、ほかの利用者との接触を気遣い、それでもどこかとつながっていたい心細さから、「また明日」をのぞき込んだようでした。「おっ！元気にしているの？入っておいで、おやつあるよ」と声をかけると、「えっ？いいの？」と、元気に上がってきました。**大人でもない、子どもでもない年代の彼らの、不安そうなほっとしたような、その表情が忘れられません。**東日本大震災直後に支援で石巻の避難所に入ったとき、介護の必要な高齢者や小さな子どもを優先的に支援し、ある程度大きな子はあと回しにしていたことをその後ずっと後悔していました。彼らを見たとき、そのことを思い出しました。

凪：コロナ禍において、単体で再開ができても、「子どもと地域」「高齢者と地域」「障害のある人と地域」など、**2つ以上の主体が交わる機会がかなり制限されてしまっています。**たとえば、サロンなどの1つの主体に対しての関わりが、複合的な主体形成につながっているのかを改めて考える必要があります。

佐藤：感染が広がっている状況のなかで、感染予防をしながら直接会わなくてもつながれるという情報を集め、発信する時期ではないかと思っています。宝塚では、見守り活動の交流会を少人数のグループごとに部屋を分けて実施しました。それぞれの部屋をＺｏｏｍでつないで、意見交換、情報共有をしてもらいました。評判は良く、十分話せるという手ごたえを感じてもらえたので、今後は機材を貸し出したり人やノウハウを提供しながら、地域活動を支えていければと思っています。**つながり続けることの意味も、もっと発信していかなければなりませんね。**

池田：コロナ終息後は、元の社会に戻る、と思っている支援者もいますが、私は元に戻るのではなく、コロナ禍の経験を活かして先に進んで行くんだと思います。その先の社会で、そうした気にかけ合いから生まれるつながりが必ず必要になっていくはずです。

今日はありがとうございました。

おわりに

人と人とが出会い、つながり合い、顔を見て、気にかけ合い、支え合うという、今まで当たり前のように行い、目標としてきた地域づくりは、コロナ禍で外出しないこと、顔を合わさないこと、集まらないことを求められたことによって、大きな方向転換を迫られる事態となりました。

ですが、はたして本当にそれでよいのでしょうか。たしかに、多くの地域活動は休止や中止を余儀なくされました。それによって、たとえば「見守りを兼ねてサロンを開催していたのに、サロンで顔を合わせられなくなった」という声も聞こえてきます。ただ、それだけで気になる人を気にかけられない状況になっているとするのは早計ではないでしょうか。

たとえば、隣近所とのあいさつやおすそ分けは、それだけでゆるやかな見守りにつながっています。また、ご近所のお茶飲みなどは、サロンと呼ばないけれども十分にサロンのような機能を持っています。このように、日常生活の中のさまざまな場面でご近所同士がお互いの様子や体調をさりげなく気にかけ合っていることは、見守りや支え合いの意味を持っています。そして、これらの自然な日常の営みは、コロナ禍においても可能なやり方にかたちを変えながらも地域で強く息づいていることがわかりました。

なにより、私たちが思っている以上に住民の皆さんは、たとえ短い時間であっても「顔を見てつながり合う」ことのたいせつさをよく理解しており、この状況下でもさまざまなかたちでそれを実践していることがわかりました。

つながりのかたちは、このコロナ禍で変容を遂げました。それでも、お互いを気遣い、何かあれば支える仲間がいることは、まさしく地域の大きな「お宝」です。

年齢を重ねたり、病気や障害によって、介護などのサービスを利用する必要性が出てくることもあるでしょう。そうしたときにも、住民自身が、そして専門職がつながりの重要性を認識することで、地域のつながりを切らない支え方・暮らし方ができるのです。

このような地域の「お宝」の事例がいっぱい詰まった本書が、新しい生活様式の中でつながりづくりを進めていく一助になれば幸いです。

「つながりを切らない」情報・交流ネットワーク　共同代表　佐藤寿一
（社会福祉法人　宝塚市社会福祉協議会　常務理事）